Waltraud Keil

# Um Zions willen schweige ich nicht

60 Jahre Israel: Entstehung, Gegenwart und Wiederherstellung

Verlag Gottfried Bernard
Solingen

© Copyright 2008
Verlag Gottfried Bernard
Heidstraße 2a
D-42719 Solingen
Email: Verlag.GottfriedBernard@t-online.de

in Coproduktion mit:

DieBRÜCKE Berlin-Jerusalem
Lepsiusstraße 83
12163 Berlin
Berlin
Email: diebrueckeberlin-jerusalem@t-online.de

ISBN 978-3-938677-24-7
Best.-Nr. 175624

© Copyright der abgebildeten Karten
auf den den Seiten 89, 93, 97: Heinz Reusch

Grafik und Satzvorlage: Claudia Stapel, Stadthagen
Satz: Satz & Medien Wieser, Stolberg
Druck: Schönbachdruck, Erzhausen

© Copyright: Die Bibelzitate sind wechselweise
der Revidierten Luther-Bibel 1984,

# INHALT

Widmung .................... 4

Vorwort .................... 5

Einleitung .................... 7

Dank ...................... 11

Teil I
Um Zions willen schweige ich nicht .... 13

Teil II
Die Wiederherstellung Israels aus
biblischer Sicht .................... 33

Teil III
Vom Spannungsfeld „Israel und die
Gemeinde" zum „Neuen Menschen" ... 57

Teil IV
Frieden und der Islam .............. 65

Teil V
Israels Wiederherstellung aus
prophetischer und historischer Sicht .... 81

# Widmung

Ich widme dieses Buch ISRAEL zum 60. Geburtstag und spreche dem Volk das Wort ihres und unseres Gottes aus dem Buch Jesaja 61 zu:

„*Der Geist des HERRN ist auf mir, weil der HERR mich gesalbt hat. Er hat mich gesandt, den Elenden gute Botschaft zu bringen, die zerbrochenen Herzen zu verbinden, zu verkündigen den Gefangenen die Freiheit, den Gebundenen, daß sie frei und ledig sein sollen; zu verkündigen ein gnädiges Jahr des HERRN und einen Tag der Vergeltung unseres Gottes, zu trösten alle Trauernden, zu schaffen den Trauernden zu Zion, daß ihnen Schmuck statt Asche, Freudenöl statt Trauerkleid, Lobgesang statt eines betrübten Geistes gegeben werden, daß sie genannt werden Bäume der Gerechtigkeit, Pflanzung des HERRN, ihm zum Preise*"... Verse 1-3; Verse 7-10: „*Dafür, daß mein Volk doppelte Schmach trug und Schande ihr Teil war, sollen sie doppelten Anteil besitzen in ihrem Lande und ewige Freude haben. Denn ich bin der HERR, der das Recht liebt und Raub und Unrecht haßt; ich will ihnen den Lohn in Treue geben und einen ewigen Bund mit ihnen schließen.*

*Und man soll ihr Geschlecht kennen unter den Heiden und ihre Nachkommen unter den Völkern, daß, wer sie sehen wird, erkennen soll, daß sie ein Geschlecht sind, gesegnet vom HERRN. Ich freue mich im HERRN, und meine Seele ist fröhlich in meinem Gott; denn er hat mir die Kleider des Heils angezogen und mich mit dem Mantel der Gerechtigkeit gekleidet, wie einen Bräutigam mit priesterlichem Kopfschmuck geziert und wie eine Braut, die in ihrem Geschmeide prangt.*"

Das sind Gottes Absichten mit Seinem Volk Israel. Mögen sie sich bald erfüllen! Hinzufügen will ich noch Psalm 33,4 als Bestätigung und Unterstreichung und Ermutigung:

„*Denn des HERRN Wort ist wahrhaftig und was Er zusagt, das hält Er gewiß*"

# VORWORT

Seit Jahren lese ich mit großer Aufmerksamkeit die Israel-Kommentare von Waltraud Keil. Es geht ihr darum, den Menschen die Augen zu öffnen für den Kampf, den Satan kämpft, um den Staat Israel und die Juden zu vernichten. Es wird in diesem Buch deutlich gezeigt, dass es um einen Kampf geht zwischen Satan und Gott und um die Erfüllung des göttlichen Endzeitplanes. Es ist ein Kampf um das Land Israel, um Israels Hauptstadt Jerusalem, um den Tempelberg und um das nach Israel heimkehrende Volk der Juden, die Jesus als ihren Messias erkennen werden.

Gott hat einen konkret definierten Rettungsplan für **sein** besonderes Land Israel und für **sein** besonders geliebtes Volk Israel. Dieser Plan wird zur Erfüllung kommen, ob uns das gefällt und ob wir das bejahen oder nicht.

Je mehr wir als Einzelne, als Familie, als Gemeinde und Kirche oder gar als Land und als EU uns an die Seite des göttlichen Planes stellen, umso mehr wird göttlicher Segen, oder bei Ablehnung, göttlicher Fluch auf uns kommen, gemäß 1. Mose 12, 3.

Daneben geht es aber auch um die Christen der Nationen, die zusammen mit den messiasgläubigen Juden den einen neuen Menschen bilden werden, der als Braut in Jerusalem die Rückkehr Jesu als Bräutigam erwartet. Die Bibel ist voll von Zusagen, die den göttlichen Endzeitplan bestätigen, nämlich die Rückkehr aller Juden in sein, in Gottes Land und dass sie alle den Herrn erkennen werden.

Waltraut Keil stellt in klarer Form viele Zusammenhänge her zwischen biblischen Prophetien und weltpolitischen Abläufen, die sich in unserer Zeit vor uns entfalten.

Für viele Menschen, aber besonders auch für politische Berater und Führungspersönlichkeiten in Staat und Kirche könnte dieses Buch augenöffnend sein und vor schlimmen Fehlentscheidungen bewahren. Denn Gott wird das zu Ende führen, was er in seinem Wort voraussagt (z. B. Sach. 8-14) und weder Politik noch Religionsgemeinschaft werden das verhindern können.

Wir sehen bereits, wie sich viele Nationen zusammentun, um Israel völlig zunichte zu machen und rein menschlich gesehen befindet sich Israel in einer dramatisch ausweglosen Lage. Aber Gott hat in seinem Wort bereits zugesagt, wie er seinem Volk Israel in höchster Not beistehen wird und die gegen Israel kämpfenden Nationen besiegen und beschämen wird. Wir Christen in Deutschland sind aufgerufen zu beten, dass unser Land nicht auf der falschen Seite steht und unter Gottes Zorn gerät.

Voll Dankbarkeit erkennen wir an, dass wir von den Juden unsere christlichen Werte und Ordnungen, das Wort Gottes, Zukunftsprophetien, Verheißungen und Jesus Christus unseren Erlöser bekommen haben.

Wer dieses aufrüttelnde Buch mit einem offenen Herzen und einer möglichst aufgeschlagenen Bibel liest, wird das politische Zeitgeschehen und die auf uns zukommenden Entwicklungen mit neu geöffneten Augen wahrnehmen und hoffentlich richtige Entscheidungen treffen.

Jesus sagt uns in Johannes 4, 22:

*„... denn das Heil kommt von den Juden".*

Christoph Häselbarth

# Einleitung

Als DIE BRÜCKE Berlin-Jerusalem am 13. Mai 1990 gegründet wurde, erhielt ich von Gott einen Leitspruch, der über dem gesamten Werk und allem, was damit zusammenhing, stehen sollte:

„Um Zions willen schweige ich nicht …!"

aus Jesaja 62,1. Dieser Vers begleitet uns seither bei allem, was wir tun. Er ist Auftrag, Anspruch und Motivation für unser Handeln mit dem Ziel, auch anderen die tiefe Wahrheit des Auftrags Gottes an uns Christen nahezubringen und sie zu motivieren, sich selbst von diesem Wort Gottes treffen zu lassen, um es praktisch umzusetzen.

„Um Zions willen schweige ich nicht", ist das Thema auf Gottes Herz und der Titel dieses Buches. Dass es jetzt, im Mai 2008, wenn Israel 60 Jahre alt wird, erscheint, ist für mich ein Geschenk und ein Wunder, denn es ist mir einfach zugefallen.

Wo immer wir in den letzten Jahren Israelseminare hielten, wurde ich anschließend häufig gefragt, ob es diese Themen auch als Buch gäbe. Nach Verneinung dieser Frage, forderten mich viele auf, dies doch unbedingt in Betracht zu ziehen. Andere ermutigten mich, Inhalte unserer Rundbriefe in Buchform herauszubringen. Es war sogar so, dass ich zunehmend den Eindruck hatte, dass es auch Gottes Wille sei, da er mir in verschiedenen Gebets- und Fastenzeiten versicherte, dass ich eine „Dienerin Seines Wortes" und in einer anderen Formulierung, beim nächsten mal, eine „Verkünderin Seines Wortes" und zum dritten mal eine „Botschafterin Seines Wortes" sein soll. Nachdem dieses Wort davon unabhängig und im gleichen Zeitraum auch von außen bestätigt, und die Bitte, doch ein Buch zu schreiben, immer nachdrücklicher an mich herangetragen wurde, begann ich, mir Gedanken darüber zu machen, wann und wie ich das anfangen sollte. Aber ich kam zu keinem konkreten Ergebnis, weil mir der Zeitfaktor einen Strich durch alle meine Rechnungen machte. So kam ich zu dem Schluß, Gott müsse dafür ein Wunder tun – und Er tat es! Nach Erscheinen unseres letzten Rundbriefs erhielten wir folgendes Email:

„Liebe Waltraud, lieber Günter,

… Als ich den Rundbrief las, hatte ich einen Impuls, den ich Euch gerne weitergeben möchte:

Der Impuls war, den Artikel WIEDERHERSTELLUNG ISRAELS (beide Teile) in einem kleinen Booklet, einschließlich der Skizzen des Landes, für den Leib Christi in Deutschland in irgendeiner Weise (evtl. über einen Verlag) herauszugeben. In seiner sehr prägnanten, detaillierten und kurzen Form ist er gut zu lesen.

Ich habe den Eindruck, dass diese geschichtlichen und prophetischen Zusammenhänge zu hören und zu verstehen, Teil der Grundlage und des Schlüssels sind, in der jetzigen Situation informiert beten und handeln zu können. Und viele in den Gemeinden wissen davon wenig bis nichts. Es gibt Einzelne, die sich damit intensiver beschäftigen. Das Buch sollte so aufgemacht sein, dass offensichtlich wird: 60 Jahre Israel zu feiern und für dieses Volk zu flehen, ist Gottes Anliegen, das aus seinem Herzen fließt. … Shalom, Claudia."

Dieses Mail erreichte uns im Februar. Es hatte gleichermaßen bei meinem Mann Günter und mir eingeschlagen wie eine Bombe und war damit der letzte Anstoß zu dem vorliegenden Buch. Wir wussten, dass Claudia eine sehr begabte Grafikerin ist. Günter ging deshalb sofort zum „Gegenangriff" über und forderte sie heraus, sich um die Gestaltung zu kümmern. Sie ließ sich darauf ein und innerhalb kurzer Zeit schickte sie uns Vorschläge für ein Buchcover und die Innengestaltung, die uns restlos begeisterten.

Wir beteten und spürten: das ist von Gott. Es war Seine Art, zu bestätigen und zu sagen: Jetzt ist die Zeit für das Buch! Günter setzte sich daraufhin mit unserem Freund, dem Buchverleger Gottfried Bernard, in Verbindung und trug ihm unser Anliegen vor. Der wollte seine Begeisterung darüber nicht verhehlen und rief voll Freude aus: „Endlich, wie lange habe ich darauf gewartet." Nun stand der Veröffentlichung nichts mehr im Wege. Für dieses Erstlingswerk den richtigen Buchtitel zu finden, war natürlich nicht mehr schwer.

„UM ZIONS WILLEN SCHWEIGE ICH NICHT" enthält komprimiert vieles von dem, was Gott mich in den vergangenen Jahren über Sein Wort, Sein Volk Israel und Sein Herz für Sein Volk und uns, die Gemeinde, gelehrt, was Er mir offenbart und gegeben hat. Wenn dieses Buch erscheint, hat nicht nur Israel Geburtstag, sondern auch DIE BRÜCKE Berlin-Jerusalem e. V. Am 13. Mai 2008 wird sie 18 Jahre alt – und somit volljährig. Mir scheint, aus Gottes Perspektive gilt für dieses Buch: „Als die Zeit erfüllt war, ließ der HERR alle Umstände zusammen wirken, dass es in so kurzer Zeit und zu diesem Zeitpunkt erscheinen konnte."

Seit unserer Gründung 1990, haben wir begonnen, das uns von Ihm gegebene Leitmotiv, mit Seiner Hilfe und unter der Leitung des Heiligen Geistes, auf breiter Ebene umzusetzen. Aus unserem Israelgebetskreis heraus entstanden viele weitere, die wir in Gebetsseminaren und durch Gebetsbriefe lehrten und betreuten.

Wir veranstalteten nationale Israel-Konferenzen für Christen und sprachen mit unseren Ester-Festen, zu denen wir Politiker, Kirchenvertreter, Medienleute und Vertreter aus der Geschäftswelt einluden, in unsere Gesellschaft hinein.

Eine unserer Hauptaufgaben war von Anfang an, im ganzen Land, in Gemeinden und Schulen, Israelseminare zu halten, auf denen wir die Leute lehren und ihnen vor Augen führen, dass das Alte Testament gar nicht alt, sondern im Gegenteil, hochaktuell ist und wir

Jesus, unseren HERRN und Messias, durch die Schriften der Propheten im Alten Bund, die alle über Ihn und Sein Wiederkommen in der Endzeit geweissagt haben, viel tiefer und vollständiger verstehen und kennenlernen können. Wir bringen Rundbriefe mit derselben Botschaft heraus und veranstalten Israelreisen mit dem Anliegen, als Deutsche den jetzt dort lebenden Israelis zu begegnen, mit denen Gott, gemäß Seines ewigen Wortes, heute Geschichte macht. Er erfüllt an ihnen Seine Jahrtausende alten Voraussagen. Wir wollen ihnen den Trost und die Liebe ihres und unseres Vaters bringen, die oft viel lauter reden als Worte. Wir unterstützen sie praktisch in Projekten mit Finanzen, um ihnen auch dadurch zu zeigen, dass sie und ihr Wohlergehen uns wichtig sind.

Mit anderen Israelwerken zusammen, haben wir Großveranstaltungen durchgeführt, wie nationale Demonstrationen in Frankfurt und Berlin oder eine gemeinsame Israelveranstaltung auf dem Jesus-Tag 2005, in Berlin, die mit einem äußerst eindrücklichen lebendigen Davidstern, der aus ca. 2500 - 3000 Menschen gebildet wurde, endete.

Mit dieser Darlegung will ich zum Ausdruck bringen, dass wir Gottes Anliegen für Sein Volk zu unserem gemacht haben, oder anders herum, dass Er uns Sein Anliegen für Sein Volk in unser Innerstes gebrannt hat.

Es ist unsere Berufung und wir können nicht anders. Ein Teil dieses Anliegens oder des Auftrags besteht darin, Seine Sicht und Sein Herz für Sein Volk anderen Menschen bekannt zu machen und sie ihrerseits zu ermutigen und anzustecken, auf Sein Wort hin und um Zions willen dasselbe zu tun, in dem Ausmaß und den Grenzen, die Gott jedem einzelnen zeigt.

# Dank

Zuerst und vor allem danke ich meinem Gott, dem Gott aller Götter und HERRN aller Herren und König aller Könige, Jeschua HaMashiach, der auf wunderbare Weise den Zeitpunkt für das Erscheinen dieses Buches aus der Ewigkeit heraus mit Seinem Licht angestrahlt und auf den Geburtstag Israels im Mai 2008, festgesetzt hat. Er selbst half mir, das Buch in so kurzer Zeit zustande zu bringen, indem Er alle Umstände auf Seine göttliche Weise arrangierte. Er hat es mir einfach als Sein Geschenk in den Schoß fallen lassen. Ihm sei dafür alle Ehre!

Claudia Stapel, Dir danke ich, dass Du mich gerade zu diesem Zeitpunkt beherzt aufgefordert hast, das Buch zu schreiben und mit Deinem tatkräftigen Einsatz Deiner Gaben maßgeblich dazu beigetragen hast, dass dieses Buch erschienen ist.

Danke Gottfried Bernard, dass Du von Anbeginn von der Veröffentlichung des Buches begeistert warst und den Weg durch Deinen Verlag, mit aller Arbeit und dem ganzen Aufwand, für das Buch gebahnt hast. Dein persönlicher Einsatz hat mich sehr bestärkt und ermutigt, es nun wirklich zu wagen.

Günter, mein geliebter Mann und mein wunderbarer Berater, ganz herzlichen Dank Dir dafür, dass Du mich von Anfang an zu diesem Projekt ermutigt und Dich mit mir gemeinsam darauf eingelassen hast. Danke, dass Du mich in jeglicher Weise unterstützt und tatkräftig und unbeirrbar die Umsetzung der Idee in die Tat vorangetrieben hast. Ohne Dich wäre dieses Buch nicht zustande gekommen.

Danke für alle Gebete, die für das Gelingen des Buches und für uns zum Himmel aufgestiegen sind. Möge es die Herzen aller Leser tief berühren und wo nötig, verändern und das Vaterherz Gottes für Sein Volk Israel offenbaren.

Teil I

# Um Zions willen schweige ich nicht

*"Um Zions willen will ich nicht schweigen, und um Jerusalems willen will ich nicht innehalten, bis seine Gerechtigkeit aufgehe wie ein Glanz und sein Heil brenne wie eine Fackel, dass die Heiden sehen deine Gerechtigkeit und alle Könige deine Herrlichkeit."*

Das Ziel ist die vollkommene Wiederherstellung Jerusalems, damit der König Israels wiederkommen und in Seiner Stadt Einzug halten kann, um dort zu herrschen. Das bedeutet, dass die ganze Welt mit all ihren Herrschern, auch jenen, die jetzt Gift und Galle spucken, wenn es um Israel geht, Jerusalems Glanz, Gerechtigkeit und Herrlichkeit, die sie immer haben sollte und die durch die Gegenwart des Messias hervorkommt, sehen werden und sehen müssen.

## Holt uns unsere Vergangenheit ein?

Wenn wir nach Israel und dem Nahen Osten, aber auch wenn wir nach Deutschland und Europa schauen, scheinen wir noch weit davon entfernt und das Gegenteil scheint wahr zu sein. Am 6. Mai 2002, erschien in FAZ.NET ein Artikel mit der Überschrift: „Ein Gespenst kehrt nach Europa zurück". Der einleitende Satz lautete: „Es sind Nachrichten, von denen das moderne Europa dachte, sie gehörten der finsteren Vergangenheit an: In London, Antwerpen und Marseille brennen Synagogen." Die Tendenz ist seither unaufhaltsam steigend in Großbritannien, Frankreich und anderen europäischen Ländern.

Dabei sind nicht nur Neonazis und Moslems an immer handgreiflicheren und offen antisemitischen, antizionistischen und antiisraelischen Handlungen beteiligt, nein, der Trend hat auch vor Universitäten und Kirchen keinen Halt gemacht. Man kann fortfahren, dass die EU immer wieder gegen Israel ein Handelsboykott verhängen will – „Kauft nicht bei Juden" – kommt uns das nicht all zu bekannt vor? Auch in Deutschland und Berlin brannten schon wieder Synagogen, werden zunehmend jüdische Friedhöfe geschändet. Auf offener Straße und in der U-Bahn werden jüdische Menschen zusammengeschlagen, einfach deshalb, weil sie Juden sind!

Wohltuend hebt sich dagegen ab, dass unsere Bundeskanzlerin, Angela Merkel, sich mutig an die Seite Israels stellt und offen und überall für Israel und seine Sicherheit eintritt und „um Zions willen nicht schweigt!"

## Christen, wacht auf!

Die Berliner Polizei warnt Juden in Deutschland, jüdische Symbole zu tragen, weil sie sich sonst nicht mehr in der Lage sieht, die jüdische Bevölkerung zu schützen! – Moment mal! Welches Jahr schreiben wir? Sind wir tatsächlich schon im 21. Jahrhundert angekommen? Kann das sein? Ist es nicht das Jahr 1937 oder 38? Ja, damals schauten wir weg, da schwieg die große Mehrheit!

Damals schwieg auch der größte Teil der Kirchen und Christen – und das grauenvolle, in seinem Ausmaß immer noch nicht nachvollziehbare Schicksal nahm seinen fatalen Verlauf! – Christen, wo seid ihr heute? Ist da jemand, der sagt: „Um Zions willen schweige ich nicht ..."? Es ist an der Zeit, dass wir als Christen aufwachen und andere wachrütteln! **Jetzt!** In dem oben zitierten Artikel ist auch der folgende Satz von Dr. Salomon Korn, dem Vorsitzenden der Jüdischen Gemeinde zu Frankfurt zu lesen: „die deutsche Kontroverse über den Nahost-Konflikt bringt keinen neuen Antisemitismus hervor – sie entlarvt den vorhandenen."

## Ist das Abendland wieder so weit?

Eine weitere Aussage in demselben Artikel lautet: „Ist das Abendland wieder so weit? Provokante Frage, komplizierte Antwort. Die Polizei vermutet hinter einem Großteil der Straftaten nahöstliche Täter. Die Einwanderungsgesellschaften des Okzidents haben den israelisch-palästinensischen Konflikt quasi importiert."

Daraus kann man schließen, dass der Antisemitismus, der plötzlich frech und ohne die geringsten Skrupel sein abscheuliches Haupt wieder erhebt, sein widerwärtiges Gesicht wieder zeigt, nicht einfach eine Neuauflage des alten ist. Ein neuer Aspekt ist hinzugekommen, weil es eine neue Voraussetzung gibt – die Existenz eines Staates Israel. Die neue und zusätzliche Variante heißt Antizionismus. Zion ist auferstanden!

## Abgrundtiefer Hass

Der abgrundtiefe Hass islamischer Staaten, unter Anführung des Iran und Terrorgruppen wie Hisbollah oder Hamas, sowie der UNO, deren Mitgliedstaaten zu nahezu 2/3 islamisch sind und der EU, deren Hass historisch und Erblast ist, weil er nie wirklich in der Tiefe mit der Wurzel herausgerissen und entsprechend behandelt wurde und nicht zuletzt auch der USA, die zwar immer noch als Freund Israels gilt, aber seit ihres Bestehens vorrangig egoistische, wirtschaftliche Interessen in den Vordergrund gestellt und verfolgt hat und sich je nach Situation politisch sehr opportunistisch und höchst unzuverlässig verhält, ergießt sich in voller dämonischer Wucht über dem jungen Staat Israel.

Allah – etwa nicht allmächtig?

Die Existenz eines jüdischen Staates inmitten eines islamischen Völkermeers, und zu allem Übel ein Land, das bis 1917 tatsächlich islamisch war und durch seine Neuerstehung dem Islam verlorenging, ist die größte Demütigung für den Islam! Das darf nicht sein! Das kann nicht sein! Dieser Staat darf nicht existieren! Er muss weg! Ausgelöscht muss er werden. Damit dies endlich geschieht, sind alle, absolut alle, Mittel recht.

Ja, der Heilige Krieg ist ein Muss, um die Schande von Allah zu nehmen, der offensichtlich bis jetzt Schwierigkeiten hat, den Gott der Juden zu bezwingen! Die Konsequenz ist nicht auszudenken! Allah – nicht allmächtig? Niemals!!!!

Die gesamte Hölle ist aufgestanden, um diesen Kampf zu gewinnen – gegen alle Juden und den Staat Israel! Ein für allemal müssen sie endlich vernichtet – ins Meer getrieben werden – zur Irreführung und mit Hilfe von geistiger Verblendung, auch mit Vokabeln wie Frieden.

## Ein beispielloser Terrorkrieg

Deshalb tobt in Israel ein beispielloser Terrorkrieg, der geistlicher Natur ist und bei dem es darum geht, wer der wahre Gott ist – Allah oder der Gott Israels? In den letzten Jahren starben in den brutalsten Terroranschlägen hauptsächlich durch Selbstmordattentäter, unzählige unschuldige Menschen: Frauen, Kinder, Alte, Junge, ganz zu schweigen von einer unglaublich größeren Zahl lebenslang Verkrüppelter und Verletzter. All das widerfährt ihnen nur deshalb, weil sie Israelis sind und auf ihrem Recht beharren, als Israelis in ihrem Land Israel zu leben. Damit sind sie ein lebendiges Zeugnis für den lebendigen Gott Israels, der in Seinem Wort durch Seine Propheten vor Jahrtausenden vorhergesagt hat, dass Er, der Gott Israels, Sein Volk Israel in Sein Land Israel zurückbringen würde, um sie dort zu Sich selbst zurückzuführen und Jerusalem wieder herrlich zu machen.

## Solidarität mit Israel

Um Zions willen schweige ich nicht, das ist unser Thema. Wir sind alle dazu aufgerufen. Wo immer wir die Gelegenheit haben, sind wir als Christen, die den Gott Israels kennen und als unseren persönlichen Herrn lieben, aufgerufen, uns aus unserer Lethargie, Gleichgültigkeit und Bequemlichkeit herauszubegeben und aufzustehen für Ihn und Sein Volk! Denn jetzt ist Sein Volk in größter Not! Die Trübsal Jakobs hat begonnen.

Die Solidaritätskundgebung für Israel am 24. August 2002 in Berlin, unter dem Motto „DEUTSCHLAND AN DER SEITE ISRAELS", an der sich eine Vielzahl von Israelwerken und Gemeinden aus dem ganzen Land beteiligten, hatte diesen Inhalt.

Ziel war, Israel, aber auch ganz Deutschland, den Medien und unseren Politikern, zu zeigen, dass es in unserem Land Christen gibt, die die Zeichen der Zeit verstehen und deshalb um Zions willen aufstehen. Wir wollten unsere Regierung und Politiker daran erinnern, dass wir als Deutsche eine ganz besondere Verpflichtung für und Beziehung zu Israel haben, die es uns als selbstverständlich gelten lassen sollte, an Israels Seite zu stehen, wenn es von der ganzen Welt angegriffen wird.

Wir wollten klar zum Ausdruck bringen dass wir unter unseren Politikern keine Antisemiten dulden und wenn solche auftauchen, sie niemals mit unserer Wählerstimme rechnen können.

Es ging darum, herauszustellen, dass wir eine Regierung und Politiker wollen, die der Wahrheit verpflichtet sind und über ein intaktes Geschichtsbewußtsein und Kenntnisse verfügen, die die einzige Demokratie im Nahen Osten unterstützen, die vernichtet werden soll, solche die Lüge Lüge und die Wahrheit Wahrheit nennen und beides voneinander unterscheiden können.

Die Kundgebung sollte dazu dienen, unsere Politiker dazu aufzufordern, aufgrund unserer leidvollen und immer noch nicht bei allen aufgearbeiteten Geschichte mit Israel, sich auf die Seite Israels zu stellen und mutig und lautstark – auch in der EU – für Israel Stellung zu beziehen und keine Hassproduzierenden Schulbücher und Waffen und terroristische Infrastrukturen für die Palästinenser zu finanzieren. Wir forderten sie auf, es um Israels willen zu tun, denn Israel braucht jetzt Freunde, die keine Lügen glauben; um unserer selbst willen, damit Heilung in unseren beiden Völkern und unserer Beziehung zueinander geschehen kann und um der Wahrheit und Gerechtigkeit willen.

Sie sollten zur Kenntnis nehmen oder sich mit der Tatsache bekannt machen, dass der Satz aus der Bibel in 1. Mose 12, 3:

*„Wer Israel segnet, wird gesegnet, und wer Israel flucht, wird verflucht"*

bis heute seine Gültigkeit nicht verloren und sich unzählige Male bewahrheitet hat. Wir wollten sie daran erinnern, dass wir diese Wahrheit in unserer Nation vor knapp 60 Jahren erfahren haben und uns jetzt wieder entscheiden müssen – ob wir wollen oder nicht!

Die Kundgebung sollte dazu dienen, ihnen zu helfen, die richtige Entscheidung zu treffen. Sie sollte dazu Gelegenheit geben, dass unsere Politiker die Wahrheit hören und entsprechend handeln.

## „Weil ich aber die Wahrheit sage, glaubt ihr mir nicht"

Jesus hat u. a. in Joh. 10, 27 folgendes über die Wahrheit gesagt:

*„Meine Schafe hören meine Stimme, und ich kenne sie, und sie folgen mir"* …: *„Ihr habt den Teufel zum Vater, und nach eures Vaters Gelüste wollt ihr tun. Der ist ein Mörder von Anfang an und steht nicht in der Wahrheit, denn die Wahrheit ist nicht in ihm. Wenn er Lügen redet, so spricht er aus dem Eigenen;*

*denn er ist ein Lügner und der Vater der Lüge. Weil ich aber die Wahrheit sage, glaubt ihr mir nicht."* Joh. 8, 44-45

Jesus sagt die Wahrheit, Jesus ist die Wahrheit:

*„Der Böse aber wird in der Macht des Satans auftreten mit großer Kraft und lügenhaften Zeichen und Wundern und mit jeglicher Verführung zur Ungerechtigkeit bei denen, die verloren werden, weil sie die Liebe zur Wahrheit nicht angenommen haben, dass sie gerettet würden. Darum sendet ihnen Gott die Macht der Verführung, so dass sie der Lüge glauben, damit gerichtet werden alle, die der Wahrheit nicht glaubten, sondern Lust hatten an der Ungerechtigkeit."* 2. Thess. 2, 9-12

Diese Entscheidung für die Wahrheit und gegen die Lüge, muss jeder für sich persönlich treffen. Möge dieses Buch dazu beitragen, dass sich Menschen in Deutschland, besonders unter den Christen, aber auch unter den Politikern und allen anderen, für die Wahrheit entscheiden und leben!

## Möglichkeiten für uns

Ich hoffe und wünsche, dass wir in Zukunft noch viele solche Demonstrationen auf nationaler Ebene durchführen werden, an denen zigtausende Christen teilnehmen und ihre Stimme für Zion erheben!

Ich fordere Sie aber auch dazu auf, die Medien und unsere Politiker mit Briefen zugunsten Israels zu bombardieren. Wenn Sie das tun möchten, schreiben Sie bitte keine langen Romane und keine frommen Predigten. Schreiben Sie Fakten, bringen Sie Ihre Besorgnis um unser Land und Israel zum Ausdruck und beten Sie für die Adressaten und den Brief.

Allerdings muss ich auch sagen, dass mir in der letzten Zeit in besonderem Maße aufgefallen ist, dass wir mit unserer Meinung, wenn wir sie denn äußern, als absolute Exoten und sehr weltfremd gelten, und deshalb auch nicht unbedingt ernst genommen werden. Wir müssen uns dessen bewußt und darauf vorbereitet sein, dürfen uns davon allerdings nicht abhalten lassen. Es sollte uns veranlassen, selbst um so mehr in der Wahrheit zu leben und uns darum zu kümmern, mit wirklichen Fakten aufwarten zu können.

### Eintreten für Israel bei Gott

Das sind Möglichkeiten, die uns zur Verfügung stehen. Wir sollen uns bei Menschen und vor Menschen für Israel einsetzen und unseren Mund aufmachen. Aber Gott selbst fordert uns auf, für Sein Volk bei Ihm vorstellig zu werden und nicht nur das, wir sollen Ihm Sein Volk auch vorhalten und zu Ihm rufen bei Tag und bei Nacht. Das lesen wir, wie eingangs schon zitiert, in der Fortführung unseres Themas in Jes. 62, 1-2:

*„Um Zions willen will ich nicht schweigen, und um Jerusalems willen will ich nicht innehalten, bis seine Gerechtigkeit aufgehe wie ein Glanz und sein Heil brenne wie eine Fackel, dass die Heiden sehen deine Gerechtigkeit und alle Könige deine Herrlichkeit."*

Es geht also darum, dass wir vor allen Dingen bei Gott für Sein Volk eintreten, d. h. zu Ihm beten, zu Ihm schreien, vor Ihm weinen, so lange, bis Er es wieder herstellt und Israel vollkommen in seine Berufung kommt und wird, was es immer sein sollte.

Wir sollen so lange zum Herrn schreien, bis es vor der ganzen Welt offenbar ist und niemand mehr etwas anderes behaupten kann, als dass Israel gerecht und herrlich ist, angetan und gekleidet von seinem Gott mit dessen Gerechtigkeit und Herrlichkeit.

## Es kann alles kosten

Das ist unsere Aufgabe, die Aufgabe von uns Christen. So sagt es das Wort Gottes. Nehmen wir es ernst? In Vers 6 heißt es dann:

*"O Jerusalem, ich habe Wächter über deine Mauern bestellt, die den ganzen Tag und die ganze Nacht nicht mehr schweigen sollen. Die ihr den Herrn erinnern sollt, ohne euch Ruhe zu gönnen, laßt ihm keine Ruhe, bis er Jerusalem wieder aufrichte und es setze zum Lobpreis auf Erden!"*

Die Wächter sind unzweifelhaft wir, Leute, die für Jerusalem und Israel eintreten sollen, die den Gott Israels kennen und die Er deshalb ansprechen und auffordern kann.

Wächter passen auf, dass niemand eindringt, um Schaden anzurichten. Dieser Wächterdienst muss zuerst im Geistlichen stattfinden, durch unsere Gebete, unsere Zwiesprache mit unserem Gott, zugunsten Israels. Wir sollen uns keine Ruhe gönnen, aber unserem Gott auch nicht. Wir sollen Ihm ständig in den Ohren liegen wegen Seines Volkes. Das klingt nach Arbeit, nach Einsatz, danach, dass wir uns selbst u. U. zurückstellen müssen, um alles, was wir haben an Zeit, Gaben, Geld, Ideen vor unserem Gott für Israel einzusetzen. Es kann uns möglicherweise alles kosten! Sind wir dazu bereit?

## Die Priester sind gefragt

Auch Joel spricht davon. Das Wort ist zunächst zwar an Israel gerichtet, ist aber als Endzeittext über Gericht und Schrecknisse für uns so aktuell wie für sie. Wir haben heute das Vorrecht, als „Aufgepfropfte" und Miterben, wo sie es selbst noch nicht können, weil unser beider Gott ihnen die Decke noch nicht von den Augen genommen hat, für sie, als königliche Priester des Herrn der Aufforderung in Joel 2 nachkommen zu dürfen. Dort lesen wir in Vers 17:

*„Laßt die Priester, des HERRN Diener, weinen zwischen Vorhalle und Altar und sagen: HERR, schone dein Volk und laß dein Erbteil nicht zuschanden werden, dass Heiden über sie spotten! Warum willst du unter den Völkern sagen lassen: Wo ist nun ihr Gott?"*

Als Priester des großen Königs sind wir dazu aufgerufen, Gott um Gnade für Sein Volk anzuflehen.

## Von ganzem Herzen suchen

Ich weiß, dass viele das tun, aber ich glaube, wir haben einen ganz neuen Zeitabschnitt betreten, in dem vieles von dem, was vorher gut war, nicht mehr genügt. Gott will mehr, Er braucht mehr, aber auch wir brauchen mehr und wenn wir wollen, gibt Er uns mehr. Die Anleitung, wie wir Sein Angesicht suchen sollen für Sein Volk, ist die Anleitung, wie wir Ihn überhaupt suchen sollen – für **Alles**! Wenn wir Ihn von ganzem Herzen suchen, sagt Er, dann wird Er sich von uns finden lassen! Ihn von ganzem Herzen suchen bedeutet, mit einem ganzen, vollen Einsatz, mit Geist, Seele und Leib und vor allem mit unserer Zeit zu suchen! Wir müssen Ihn finden wollen und bereit sein, so lange auszuharren, bis Er kommt – aber Er kommt, das hat Er versprochen.

Er hat Sehnsucht nach Seinem Volk und will eine tiefe Herzensbeziehung mit jedem von uns.

Keiner von uns kann das aus eigener Kraft oder Anstrengung zustande bringen, aber wir dürfen Ihn darum bitten, Ihm in den Ohren liegen und in unserem Herzen beschließen: *Ich lasse dich nicht, du segnest mich denn,* so lange, bis der Durchbruch geschieht und wir in Seiner Gegenwart angekommen sind, um dort zu bleiben, bis wir Sein Angesicht und Seine Herrlichkeit sehen.

Wenn wir dort angekommen sind – sein werden –, werden wir nicht mehr die alten sein, nein, dann haben wir Ihn wirklich gefunden, dann haben wir nicht nur vom Hörensagen von Ihm vernommen, dann hat unser Auge Ihn gesehen und wir kennen Ihn persönlich, wissen nicht nur, was andere über Ihn berichten, sind erneuert und Ihm ähnlich.

Dann haben wir Vollmacht, in Seinem Namen zu bitten und es wird uns gegeben! Auch wenn wir für Israel eintreten, und genau so sollen wir für Israel eintreten, denn es ist das Herzensanliegen unseres Gottes, sich seiner zu erbarmen, denn die Zeit Seiner Gnade für Israel ist nahe.

Wenn wir bereit sind, den Preis zu bezahlen, werden wir Ihn sehen, wie Er ist und Er wird uns dann tatsächlich mächtig gebrauchen können. Er braucht unsere totale Zuwendung, wir brauchen Seine fest zugesagte Hilfe und Gnade und Israel braucht Seinen Gott und unser Eintreten. Dazu hat uns Gott berufen! Wollen wir diesem Ruf nachkommen?

Gott sagt uns auch, worum es wirklich geht: Es geht um Ihn! *„Warum willst du unter den Völkern sagen lassen: Wo ist nun ihr Gott?"* Es geht um Seine Ehre und darum, dass Sein Wort wahr ist. Israel und die Welt sollen erkennen, dass der Gott Israels allein Gott ist, an dem, was Er an Israel tut. Er will unser ungeteiltes Herz und unsere ungeteilte Mitarbeit.

### Siehe, dein Heil kommt!

In Vers 18 heißt es dann:

*„Dann wird der HERR um sein Land eifern und sein Volk verschonen."*

Das ist gewaltig! Wenn die Priester tun, was sie sollen, dann wird der HERR Sein Volk verschonen! Welche Verantwortung! Wenn das geschieht, dann kommt Rettung und Gott geht offensichtlich davon aus, dass es geschieht – mit Seiner Hilfe und Gnade und unserer Bereitschaft – denn Er sagt in Vers 21:

*"Fürchte dich nicht, liebes Land, sondern sei fröhlich und getrost; denn der HERR kann auch Gewaltiges tun."*

Ist es nicht entlastend, dass im Endeffekt es doch Gott ist, der Gewaltiges tut? Das macht mich froh! Aber das soll unsere Botschaft sein an Israel. Unsere Aufgabe ist es, für sie einzutreten vor ihrem und unserem Gott und sie zu ermutigen mit dem Wort Gottes, das an sie gerichtet ist. In unserem Leitkapitel Jes. 62, 11 sagt Gott zu uns:

*"Siehe, der HERR läßt es hören bis an die Enden der Erde: Saget der Tochter Zion: Siehe, dein Heil kommt!"*

und in Joel 2, 23-27:

*"Und ihr, Kinder Zions, freuet euch und seid fröhlich im HERRN, eurem Gott, der euch gnädigen Regen gibt und euch herabsendet Frühregen und Spätregen wie zuvor, dass die Tennen voll Korn werden und die Keltern Überfluß an Wein und Öl haben sollen. Und ich will euch die Jahre erstatten, deren Ertrag die Heuschrecken, Käfer, Geschmeiß und Raupen gefressen haben, mein großes Heer, das ich unter euch schickte. Ihr sollt genug zu essen haben und den Namen des HERRN, eures Gottes preisen, der Wunder unter euch getan hat, und mein Volk soll nicht mehr zuschanden werden. Und ihr sollt's erfahren, dass ich mitten unter Israel bin und dass ich, der HERR, euer Gott bin, und sonst keiner mehr, und mein Volk soll nicht mehr zuschanden werden."*

Um Zions willen sollen wir unseren Mund aufmachen vor den

Menschen, vor Gott und vor Israel. Welch großartige Berufung und Aufgabe!

## Vorraussetzungen

Um einer Aufforderung, wie der, um Zions willen nicht zu schweigen, nachkommen zu können, muss man den, der sie gibt, achten, respektieren, Ihn und Sein Wort als Autorität ernst nehmen und Ihn kennen.

Man muss wissen, dass Er als Autorität etwas zu sagen hat und anerkannt ist. Man muss weiterhin Zion, um dessentwillen man nicht schweigen soll, kennen und lieben, eine enge Beziehung zu ihm haben, weil man sonst nicht bereit sein wird, wenn nötig, einen Preis dafür zu bezahlen.

Für jemanden den Mund aufzumachen bedeutet, dass derjenige das braucht und es ist möglicherweise mit Unbequemlichkeit und vielleicht sogar mit Gefahr für das eigene Leben verbunden.

Selbst wenn alle diese Voraussetzungen erfüllt sind, muss ich die Entscheidung treffen, es auch zu tun und höchstwahrscheinlich nicht nur einmal, sondern wiederholt, u. U. phasenweise ständig.

### Rut oder Orpa?

Zwei Frauen in der Bibel, von denen wir viel lernen können, haben das beispielhaft getan. Die eine ist die Moabiterin Rut. Sie hat sich, im Gegensatz zu Orpa, ihrer Schwägerin, in Lebensumständen, die wahrlich für sie nicht einfach waren und mit Sicherheit nicht für Naomi, ihre Schwiegermutter, die in unserm Fall für Jerusalem und Israel steht, entschlossen, sich um Zions willen selbst zurückzustellen. Sie kehrte ihrer eigenen Kultur den Rücken zu und ging mit der alten verbitterten und deshalb unattraktiven Naomi, weil diese sie in ihrem Elend gebraucht hat und weil Rut feststellte, dass Naomi, trotz allen Schmerzes und aller Not etwas hatte, das kostbarer war als alles andere und weil sie Naomi und deren Gott liebte. Sie entschloß sich mit allem was sie war und ausmachte, mit ihrem ganzen Leben und sagte in Rut 1, 16:

> *„Wo du hin gehst, da will ich auch hin gehen; wo du bleibst, da bleibe ich auch. Dein Volk ist mein Volk, und dein Gott ist mein Gott. Wo du stirbst, da sterbe ich auch, da will ich auch begraben werden. Der HERR tue mir dies und das, nur der Tod wird mich und dich scheiden."*

Rut hat im richtigen Augenblick die richtige Entscheidung getroffen, die jeder von uns und jede Gemeinde in unserem Land treffen kann, aber wie in dieser Geschichte, gibt es unter uns und unseren Gemeinden Orpas und Ruts. Wie entscheidest du dich?

### Komme ich um, so komme ich um

Die zweite Frau ist Ester. Sie war die Pflegetochter Mordechais, mit dem sie an den königlichen Palast des mächtigsten Herrschers ihrer Zeit, des Königs Ahasveros, kam. Dessen erster Minister war Haman, der Amalekiter. Er war ein äußerst stolzer und ambitionierter Mann und forderte von allen Untertanen, sich vor ihm tief zu verneigen – Menschenanbetung. Mordechai kommt dieser Forderung nicht nach und beugt sich nicht, weil er ein Jude ist, der sich allein vor dem allmächtigen Gott, dem Gott Israels beugt. Das bringt Haman so in Wut, dass er beschließt, alle Juden im persischen Reich auszurotten.

Um die Zustimmung des Königs zu erwirken, überzeugt er ihn mit der Aussage, die Juden seien ein Volk, das anders ist als alle anderen und das sich den Befehlen des Königs widersetzt. Mit dem Einverständnis des Königs wirft er das Pur (Los), um so den günstigsten Zeitpunkt für sein böses Ansinnen herauszufinden. Est. 3, 8-10:

*"Und Haman sprach zum König Ahasveros: Es gibt ein Volk, zerstreut und abgesondert unter allen Völkern in allen Ländern deines Königsreichs, und ihr Gesetz ist anders als das aller Völker, und sie tun nicht nach des Königs Gesetzen. Es ziemt sich nicht, sie gewähren zu lassen. Gefällt es dem König, so lasse er schreiben, dass man sie umbringe; so will ich zehntausend Zentner Silber darwägen in die Hand der Amtleute, dass man's bringe in die Schatzkammer des Königs. Da tat der König seinen Ring von der Hand und gab ihn Haman, dem Sohn Hamedatas, dem Agagiter, dem Feind der Juden."*

Mordechai erfährt davon. Er trauert und fastet, weil er weiß, wenn es um Leben oder Tod geht, dann kann man nur noch zu Gott schreien und fasten! Indem er das tut, erwächst ihm die Erkenntnis – und ich bin sicher, durch den Heiligen Geist – dass Ester, die in der Zwischenzeit Königin geworden war, zum König gehen soll, um ihn um Gnade für ihr Volk anzuflehen.

Dies tatsächlich zu tun, war für Ester persönlich eine Entscheidung über Leben und Tod, denn sie war schon seit 30 Tagen nicht mehr zum König gerufen worden und absolut niemand durfte sich unaufgefordert dem König nahen. Darauf stand die Todesstrafe. Zunächst fürchtet sie sich. Da läßt ihr Mordechai folgende Botschaft zukommen:

*"Und als Esters Worte Mordechai gesagt wurden, ließ Mordechai Ester antworten: Denke nicht, dass du dein Leben errettest, weil du im Palast des Königs bist, du allein von allen Juden. Denn wenn du zu dieser Zeit schweigen wirst, so wird eine Hilfe und Errettung von einem anderen Ort her den Juden erstehen, du aber und deines Vaters Haus, ihr werdet umkommen.*
*Und wer weiß, ob du nicht gerade um dieser Zeit willen zur königlichen Würde gekommen bist? Ester ließ Mordechai antworten: So geh hin und versammle alle Juden, die in Susa sind,*

*und fastet für mich, dass ihr nicht eßt und trinkt drei Tage lang, weder Tag noch Nacht. Auch ich und meine Dienerinnen wollen so fasten. Und dann will ich zum König hineingehen entgegen dem Gesetz. Komme ich um, so komme ich um."* Est. 4, 12-16

## Dem Wort gehorsam und bereit

Mordechai spricht das Wort Gottes zu Ester, das sie trifft und überzeugt und sie selbst in die richtige Position bringt. Jetzt weiß sie, was zu tun ist und erklärt sich bereit, ohne den Ausgang zu kennen. Sie vollzieht eine volle Hingabe an das Volk der Juden, ohne die Kosten in Erwägung zu ziehen, ja, mit der Bereitschaft zu sterben, weil sie weiß, dass sie nicht um ihretwillen, sondern um diese Aufgabe zu erfüllen, Königin geworden ist.

Wie Ester, sind wir Christen adoptiert. Ich glaube, dass wir gerade in dieser Endzeit das Vorrecht haben, wie Ester in voller Hingabe an den großen König für das jüdische Volk um Gnade zu flehen.

Sie macht uns vor, wie das geht: Sein Angesicht suchen mit Weinen und Schreien und Fasten!

Auch wir haben einen „Mordechai", der uns in der konkreten Situation sagt, was genau wir tun sollen. Und wenn wir dazu bereit sind, hören wir seine Stimme.

Es ist der Heilige Geist. Voraussetzung dazu ist, Liebe zu unserem König, die Bereitschaft zur völligen Hingabe an Ihn, das Eingeständnis, dass wir es aus unserer eigenen Kraft niemals schaffen und deshalb den Heiligen Geist so lange bestürmen, bis er uns hilft und all dies in uns wirkt.

## Gunst und Rettung

Ester erhält vom König Gunst und ihre Wünsche werden ihr gewährt. Sie lädt Haman mit dem König zweimal zum Gastmahl, woraufhin der Pfeil für Haman nach hinten losgeht. In der ersten Nacht entdeckt der König beim Lesen der Chronik, dass Mordechai ein Komplott gegen ihn aufgedeckt hatte. Daraufhin wird Haman gedemütigt, indem er Mordechai ehren muss und nach dem zweiten Abend offenbart Ester, wer sie ist und die wahren Absichten Hamans mit ihrem Volk. Haman landet am Galgen und Ester bekommt den ganzen Besitz des Todfeindes der Juden. Durch die mutige Tat Esters wurde das jüdische Volk gerettet!

## Ziel: Totale Vernichtung

Wir haben als Christen eine Ester-Berufung in dieser letzten Zeit, in einer Zeit, in der es wieder darum geht, dass nicht nur das Volk der Juden vernichtet werden soll, sondern auch der Staat Israel. Die ganze Hölle hat sich aufgemacht, hat ihren Höllenschlund geöffnet und schleudert ihren unbändigen, unbezähmbaren Hass mit allen Dämonen auf die Erde, gegen alles was Israel oder Jude heißt oder nur irgend etwas damit zu tun hat, denn es geht um die Frage: Wer ist der wahre Gott?

Israel muss als Staat ausgelöscht werden, Jerusalem dem jüdischen Volk entrissen und ihr Name total ausgelöscht werden, damit der Messias nicht in ein jüdisches Jerusalem zurückkehren kann zu einem Volk, das nach Seinem Namen benannt ist. Satan weiß, dass er nicht mehr viel Zeit hat. Deshalb tobt er und kämpft jetzt mit allen Mitteln, die ihm zu Gebote stehen, um Israel zu vernichten. Einerseits geht es um die Rückkehr des jüdischen Volkes in Sein Land und zu Seinem Gott und andererseits darum, dass dies von Seiten des Feindes unter allen Umständen verhindert werden muss.

## Ester- und Rutgemeinden werden gebraucht

Wenn wir als Christen zu unserem Gott stehen und Ihn lieben wollen, dann beinhaltet das, dass wir für sein Volk einstehen und aufstehen, weil Er es uns geboten hat, dann lieben wir, wen und was Er liebt, sonst wenden wir uns gegen Ihn.

Wenn uns Sein Volk Israel gleichgültig ist, besonders jetzt, wo es ums Überleben kämpft, dann bringen wir zum Ausdruck, dass uns die Dinge Gottes und das, was in Seinem Herzen kostbar ist, gleichgültig sind.

Wenn wir Sein Volk ablehnen, lehnen wir Ihn ab, denn Er wird es zu sich zurückbringen, wie Er verheißen hat! Israel braucht jetzt Ester- und Rutgemeinden an seiner Seite, die aufstehen und um Zions willen nicht schweigen!

## Heil und Rettung für Israel

In Jeremia 33, 9 lesen wir:

> *„Und das soll mein Ruhm und meine Wonne sein, mein Preis und meine Ehre sein unter allen Völkern auf Erden, wenn sie all das Gute hören, das ich Jerusalem tue. Und sie werden sich verwundern und entsetzen über all das Gute und über das Heil, das ich der Stadt geben will. ... Denn ich will das Geschick des Landes wenden, dass es werde, wie es im Anfang war, spricht der HERR."*

Und in Jesaja 41, 9-17:

> *„Du, Israel, sollst mein Knecht sein; ich erwähle dich und verwerfe dich nicht -, fürchte dich nicht, ich bin mit dir; weiche nicht, denn ich bin dein Gott. Ich stärke dich, ich helfe dir auch, ich halte dich durch die rechte Hand meiner Gerechtigkeit. Siehe, zu Spott und zuschanden sollen werden alle, die dich hassen; sie sollen werden wie nichts, und die Leute, die mit dir hadern, sollen umkommen. Wenn du nach ihnen fragst, wirst du sie nicht finden. Die mit dir hadern, sollen werden wie nichts,*

*und die wider dich streiten, sollen ein Ende haben. ...Siehe, ich habe dich zum scharfen, neuen Dreschwagen gemacht, der viele Zacken hat, dass du Berge zerdreschen und zermalmen sollst und Hügel wie Spreu machen. Du sollst sie worfeln, dass der Wind sie wegführt und der Wirbelsturm sie verweht. Du aber wirst fröhlich sein über den HERRN und wirst dich rühmen des Heiligen Israels. Die Elenden und Armen suchen Wasser, und es ist nichts da, ihre Zunge verdorrt vor Durst. Aber ich, der HERR, will sie erhören; ich, der Gott Israels, will sie nicht verlassen."*

Gott wird genau das tun, was Er Seinem Volk verheißen hat. Er will ihr Heil wiederherstellen, ja, Er will ihr Heil sein und sie zu dem werden lassen, was sie sein sollen, aber Er will unsere Mithilfe, dass wir zu Ihm schreien und flehen für Sein Volk!

### Er ist unser Friede!

Das Heil und der Friede werden letztendlich nach Israel und in den Nahen Osten, auch zu den arabisch/islamischen Völkern und in die ganze Welt kommen, durch Jesus den Messias, der der Friedefürst ist. Ohne Jesus gibt es keinen Frieden, wie sehr sich Menschen auch anstrengen und darum bemühen werden, denn der Friede ist eine Person!

Es ist unser Vorrecht, diesen Friedefürst zu kennen, Ihn zum HERRN zu haben. Er hat uns den Auftrag gegeben, Seine Waffenrüstung anzulegen, in der wir nicht gegen Fleisch und Blut kämpfen, sondern gegen Mächte und Gewalten, in der wir aber unschlagbar sind, weil Er selbst diese Waffenrüstung ist.

Ein Teil dieser Waffenrüstung sind die Schuhe, bereit das Evangelium des Friedens zu verkündigen. Das heißt, geschützt von Ihm an den Füßen, sollen wir hingehen, und verkündigen, dass in Jesus Heil, Versöhnung, Wiederherstellung und Frieden ist, dass, wer sich zu Ihm kehrt und Ihn anruft, gerettet wird, von allen seinen Feinden, denn ER IST UNSER FRIEDE!

Wir sollen also aufstehen, und nicht schweigen, sondern verkünden, dass von Ihm und durch Ihn der Friede kommt, dass er in Ihm ist und wenn man Ihn hat, dass man Frieden hat. Zuerst sollen wir das durch unser Leben verkünden, denn wenn es nicht mit unseren Worten übereinstimmt, selbst wenn die Worte wahr sind, sind sie kraftlos und ohne Wirkung und ohne Frucht.

Zu unserem Herrn dürfen und sollen wir aber beten, schreien, flehen, dass Er mit Seinem Frieden zu Seinem Volk kommt.

Wir dürfen Ihn verkündigen, dass Er zu seinem Volk kommen soll. Nach Israel und zum jüdischen Volk, wo immer es ist, sollen wir gehen, angetan mit den Schuhen der Bereitschaft, Sein Evangelium des Friedens zu verkünden, indem wir sie lieben, zuerst mit Taten, die sie dazu reizen, uns nach einer Erklärung zu fragen. Nur so werden wir sie überzeugen. Taten sprechen viel lauter als Worte, deshalb: „Um Zions willen schweige ich nicht!" Aus diesem Grund ist dieses Buch entstanden mit der Absicht, das aktuelle Geschehen in Israel im Licht der Bibel zu betrachten und Gottes Herz für Sein Volk Israel bekannt zu machen.

Teil II

# Die Wiederherstellung Israels aus biblischer Sicht

In der Apostelgeschichte Kapitel 3, Vers 19 lesen wir:

*„So tut nun Buße und bekehrt euch, daß eure Sünden getilgt werden."*

Das ist eine ganz klare Aufforderung an uns. Im Dezember 2004 veranstalteten wir unter diesem Thema eine Israelgebetsleiterkonferenz im thüringischen Engelsbach. Wir staunten nicht schlecht, als wir erfuhren, dass eine Woche zuvor, eine andere Israelkonferenz von einem uns befreundeten Israelwerk stattgefunden hatte, auf der ein Herr Heinrich Hebeler sprach.

Dieser Mann befasst sich mit der Erforschung der Schuld im 3. Reich. In seinem Vortrag führte er aus, dass ganz in der Nähe unseres Tagungsortes, in Eisenach, das Hauptquartier für „Entjudung von Theologie und Kirche der deutschen Christen" war.

Ich wiederhole das, damit wir die Ungeheuerlichkeit dieses Sachverhaltes auch wirklich erfassen können: das „Institut für Entjudung von Theologie und Kirche", d. h. das Wort Gottes, die Heilige Schrift, sollte entjudaisiert werden. Wenn man das konsequent betreibt, kann man beide Buchdeckel der Bibel schließen und hat am Ende gar nichts mehr. Mit der Theologie läßt sich bekanntereise alles Mögliche anstellen. Aber die Kirche, unser Glaube, ist auf dieses Wort gebaut. Wenn wir es entjudaisieren, haben wir kein Wort mehr, denn das Heil kommt aus den Juden, durch einen Menschen, der ein Jude war, der vom Vater im Himmel ausgegangen ist. Sein Name ist ursprünglich nicht „Jesus", er heißt „Jeshua" und hat den Titel „HaMashiach". Wir empfanden es als Triumph, 15 km von diesem Ort entfernt, diesen Jeshua HaMashiach feiern und anbeten zu dürfen.

An jenem Seminar nahm eine ganze Anzahl Pfarrer teil und diese Pfarrer kamen nach vorne und taten Buße darüber. Das ist heilsam, wohltuend, wunderbar, es ist herrlich. Dies führt uns nun wieder zum Eingangswort: „So tut nun Buße und bekehrt euch, dass eure Sünden getilgt werden." Es fängt also alles mit Buße an; ohne Buße passiert überhaupt gar nichts.

### Eine Zeit der Erquickung von dem Angesicht des HERRN

Im Text heißt es weiter, Vers 20, ff:

> *„Damit die Zeit der Erquickung komme von dem Angesicht des Herrn und er den sende, der euch zuvor zum Christus bestimmt ist: Jesus."*

Also, der HERR kann uns keine Zeit der Erquickung senden, wenn wir nicht zuvor Buße getan haben, wenn wir nicht zuvor umgekehrt sind von allen unseren verkehrten Wegen und uns in Seine Richtung begeben, wenn wir nicht einen Kurswechsel vollzogen haben. Wenn wir das tun, dann heißt es hier, wird der HERR uns eine Zeit der Erquickung schenken vor dem Angesicht des HERRN. Viele von uns haben schon nach vollzogener Buße eine ganze Menge von den Erquickungen im Angesicht des HERRN empfangen und wissen, wovon hier die Rede ist. „*...und er den sende, der euch zuvor zum Christus bestimmt ist: Jesus.*" Von dem heißt es jetzt:

*„Ihn muß der Himmel aufnehmen bis zu der Zeit, in der alles wiedergebracht wird, wovon Gott geredet hat durch den Mund seiner heiligen Propheten von Anbeginn."*

Jesus muss also so lange im Himmel zurückgehalten werden, bis bestimmte Dinge passiert sind, bis zu der Zeit, in der alles wiedergebracht, wiederhergestellt, wiedereingesetzt wird, wieder zum Leben gekommen ist, nämlich: *„Wovon Gott geredet hat durch den Mund seiner heiligen Propheten von Anbeginn."*

*„Wovon Gott geredet hat"* – wenn Gott redet, ist das anders als wenn wir oder irgend ein Mensch reden, jedenfalls im Alltag, es sei denn, wir sprechen in Seinem Auftrag, Seiner Vollmacht durch Seinen Geist Sein Wort, dann können wir ähnliches bewirken. Dann geht es um Dinge, wovon Gott geredet hat.

## Jesus ist das fleischgewordene Wort

Die Bibel beginnt mit dem Wort:

*„Und Gott sprach, es werde ... und es ward".*

Und wir wissen, und das lesen wir in Johannes 1:

*„Im Anfang war das Wort, und das Wort war bei Gott, und Gott war das Wort."*

Ohne Heiligen Geist klingt das sehr verwirrend, aber die Aussage hier ist:

*„Und das Wort ward Fleisch und wohnte unter uns, und wir sahen seine Herrlichkeit, eine Herrlichkeit als des eingeborenen Sohnes vom Vater, voller Gnade und Wahrheit."*

Jesus ist das fleischgewordene Wort, durch das alles geschaffen ist von Anbeginn. Als Gott sprach: *„Es werde Licht"*, war Jesus dabei.

Jesus war das Licht. Er kam als Licht durch das Wort. Er wurde ausgesandt im Wort, als Wort! Immer wenn Gott spricht, ja kommt, geschieht Leben. Wir lesen hier weiter:

*„Alle Dinge sind durch dasselbe gemacht, und ohne dasselbe ist nichts gemacht, was gemacht ist. In ihm war das Leben, und das Leben war das Licht der Menschen."*

Gott sprach: Jeshua – Jesus. Wenn immer Gott irgend etwas formuliert und erschafft, ist es Jesus, der in irgendeiner Form offenbart wird und immer Leben beinhaltet und wirkt, obwohl wir Ihn darin häufig gar nicht erkennen. Deshalb gilt von Ihm aus Jes.45,5:

*„Führwahr, du bist ein verborgener Gott, du Gott Israels, der Heiland."*

Jedoch ungeachtet dieser Tatsache, ist Jesus das Wort Gottes. Das bedeutet: Jesus – vom 1. Kapitel im 1. Buch Mose bis zur Offenbarung! Das gesamte, von uns so genannte „Alte Testament" ist Jesus!
Wie kommen wir dazu, es wegzustreichen, zu sagen es ist nicht mehr relevant? Wenn wir das Alte Testament wegstreichen, streichen wir Jesus. Dieses „Alte" Testament war offenbart durch die Propheten und zwar von Anbeginn an.
Von Anbeginn hat sich Gott offenbart in der Schöpfung, durch die Schöpfung. Er hat den Menschen geschaffen in Seinem eigenen Bild, als Mann und als Frau. Der Mann allein ist nicht das Bild Gottes, die Frau allein ist nicht das Bild Gottes. Mann und Frau zusammen sind das Bild Gottes und hier muss die Wiederherstellung beginnen, die Einheit zwischen Mann und Frau, das Verhältnis zwischen Mann und Frau, gipfelnd in der Ehe, des Bundes zwischen Mann und Frau. Diesbezüglich hat uns der Teufel von Anfang an so unendlich viel geraubt in diesem Garten Eden, im Paradies.

Wenn Gott sagt: Alles muss wiederhergestellt werden, was Er von Anfang an gesprochen hat durch den Mund Seiner Propheten, dann ist das einschließlich der Beziehung zwischen Mann und Frau. Er hat sich offenbart durch den Menschen und in den Menschen, die in Seinem Bild durch Sein Wort geschaffen waren: Adam und Eva. Aber das ist nicht das Thema dieses Buches.

Und Er hat sich offenbart durch Sein Volk, das Er sich aus dem einen Mann Abraham bereitet hat.

### Ein Volk – geboren durch Sein Wort

Abraham war zu seiner Zeit ein Götzenanbeter, wie alle seines Volkes. Aus heiterem Himmel und ohne Vorwarnung, hört er plötzlich die Stimme:

*„Abram, zieh aus deinem Land, aus deiner Freundschaft, aus deinem Vaterland in ein Land, das ich dir zeigen werde."*

Um es ganz kurz zu machen: Dies war eine ungeheuerliche Aufforderung an Abraham, weil es in der damaligen Zeit schlichtweg unmöglich und Selbstmord gewesen wäre, seine Familie, seine Sippe, ja – sein gesamtes altes Leben – zu verlassen, sich als einzelner Mensch von seinem Stamm zu entfernen und auch noch durch die Wüste ein ihm unbekanntes Ziel anzustreben. Es war unvorstellbar. Der einzige stichhaltige Grund, weshalb Abraham das tun konnte und tat, war, weil er den Gott aller Götter, den König aller Könige, den Herrn aller Heerscharen sprechen hörte, weil das Wort Gottes zu ihm gekommen war und ihn in seinem Innersten, in seinem Geist, getroffen hatte und er, über alle Zweifel erhaben, wusste: dieses Wort ist anders, als alles, was er jemals zuvor gehört hatte.

Mit diesem Wort wurde sein Geist lebendig, ins Leben gesprochen. Mit diesem Wort Gottes wurde der Same in Abraham hineingelegt, der Jahrtausende später – ebenfalls aus dem Geist gezeugt

– aus seinem Volk als Erlöser in Menschengestalt hervorkommen sollte.

Und weil Abraham aus dem Wort Gottes und aus dem Geist Gottes zu einem neuen Menschen geworden war, musste er alles verlassen, was sein altes Leben ausgemacht hatte.

Nichts durfte sich mit dem Neuen, aus dem Wort Gottes geborenen, vermischen. Gott hatte etwas ganz Neues geschaffen aus Abraham, Isaak und Jakob: das Volk Seines Eigentums, ein neues Volk, aus dem Willen Gottes, durch Sein Wort und Seinen Geist, das ganz anders hervorgebracht wurde, als alle anderen Völker. Die haben sich alle aus dem Willen des Menschen entwickelt, durch natürliche Vermehrung.

Abraham wurde so dieser „Hebräer", der „hinüberging" weil das Wort Gottes ihn getroffen hatte und er, auf Grund der Offenbarung durch das Wort, alles verlassen konnte. Er konnte sich aufmachen und hinübergehen.

### Volk Seines Eigentums

Gott holte einen Menschen aus der damaligen sündigen Welt heraus und machte einen Neuanfang. In Abraham schafft Gott sich das Volk Seines Eigentums, in dem Sein Same schlummert und in der 3. Generation benennt Er dieses Volk neu mit Seinem eigenen Namen. Zu Jakob sagt Er: *„Du sollst nicht mehr Jakob, sondern Israel heißen"*.

Mit diesem Namen, den Er Seinem Volk gibt, bindet sich Gott an dieses Volk. Das Wort „Gott" ist in diesem Namen zweimal enthalten, am Anfang mit dem hebräischen Buchstaben „Jod", das für Gott steht und am Ende „el", das heißt Gott. Und Er läßt sich, seit Er einen Bund mit Abraham geschlossen hat, als „Gott Abrahams, Isaaks und Jakobs" anreden und nennen. So hat Er sich bekannt gemacht.

Er bindet sich mit Seinem Namen an dieses Volk. Er benennt Sein Volk nach sich selbst und Er hat sich ein Land ausgesucht, das Er nach sich selbst benennt: Israel. So wird der Gott Israels der Gott eines Volkes namens Israel, das Er in ein Land namens Israel führt. Er bildet dadurch eine von Ihm erdachte und erschaffene „Dreieinigkeit", eine „Trinität".

Nur wenn diese drei beieinander sind – und das ist ein ganz großes Geheimnis – dann ist die ganze Welt in Ordnung. Wenn hingegen eines davon fehlt, nicht richtig plaziert ist, dann ist die ganze Welt in Aufruhr, denn es ist der explizite Wille Gottes, dass diese drei beieinander sind. Deshalb muss diese Konstellation wiederhergestellt werden, so, wie es von Anbeginn gedacht und in Existenz gebracht war.

Wir sehen, dass Gott sich total mit Seinem Volk in diesem Land identifiziert, weil aus diesem Volk heraus der Sohn Gottes, der Menschensohn, Jeshua geboren wird.

## Israel – Jesus – der Knecht Gottes

Der Prophet Jesaja sieht und spricht über Ihn mehr, als alle andern Propheten. Durch lange Passagen ist von Ihm als dem „Knecht Gottes" die Rede. Jesaja ist einer der größten Propheten des Alten Bundes, mit den größten Offenbarungen und es ist ein Buch voller Geheimnisse. Aber in den 40er Kapiteln bis hin zu den 60er Kapiteln geht es um den Knecht Gottes.

Häufig ist dabei nicht auf den ersten Blick erkennbar, ob Jesus gemeint ist oder das Volk Israel, wenn es „der Knecht Gottes" heißt, und in vielen Fällen ist das austauschbar. So sehr identifiziert sich der lebendige Gott Israels mit diesem, Seinem Sohn Israel, in der Reinform erschienen in dem Sohn Jesus.

Abraham ist durch das Wort wiedergeboren und Jesus ist durch den Geist aus dem Stamm Abrahams heraus geboren, nicht durch den Willen des Fleisches, sondern durch den Willen des allmächtigen Gottes Israels.

Jesus hätte deshalb niemals in einem anderen Volk geboren werden können als aus dem „Sohn Israel" heraus. Weil nun der Gott

Israels heilig ist, gebietet Er auch Seinem Volk: „Du, mein Volk, sollst auch heilig sein". „Heilig" bedeutet „abgesondert sein".
Gott will, dass Sein Volk abgesondert lebt von allen anderen Völkern, dass Sein Volk vor Ihm lebt, zu Seiner Freude, in Seinem Bild, zum Licht für die anderen Völker, damit diese Völker durch Sein Volk Israel, Ihn, den Gott Israels, erkennen können.

## Krieg im Himmel und auf der Erde

Wenn wir heute nach Israel schauen und den Aufruhr dort sehen, der uns fast zur Verzweiflung bringen kann, dann hat das etwas damit zu tun, dass Gott angefangen hat, Israel wiederherzustellen, die drei „Einzelteile" dieser Dreieinigkeit wieder zueinander zu bringen, so, wie Er es von Anfang an geschaffen und gewollt hat. Der Feind Gottes, der der Feind Israels ist, wehrt sich mit allem ihm zu Gebote Stehenden dagegen, um das zu verhindern.

Deswegen knallt es gerade so unendlich heftig in Israel, weil die Mächte der Himmel aufeinander treffen. Es ist Krieg im Himmel, der sich jetzt auf der Erde und besonders in Israel manifestiert.

## Israel – das dritthäufigste Wort

*„Alles soll wiederhergestellt werden, was Sein Mund gesprochen hat durch Seine heiligen Propheten."*

Das Hauptthema aller Propheten, von Mose angefangen bis zu Maleachi, einschließlich Jesus selbst, ist Israel und die Wiederherstellung Israels! Das Wort „Israel", zusammen mit dem Wort Juda, Judäa, Ephraim und anderen Namen für das Wort Israel, kommt in der Bibel ca. 2900 mal vor.

Es gibt nur zwei Worte, die in der Heiligen Schrift häufiger sind: das Wort „Herr" und das Wort „Gott". Das dritthäufigste Wort, das in der Schrift vorkommt, ist „Israel".

Ist uns das schon einmal aufgefallen? Können wir uns vorstellen, wie wichtig Israel, das Volk, das Land dem Vater ist, wie nahe es dem Vaterherzen ist? Selbst wenn es dann um die Gemeinde geht, geht es darum, dass die Gemeinde hinzugetan wird, hineingepfropft wird in Gottes Israel.

## Israel – die Braut

Von der Braut ist übrigens schon lange vor dem Neuen Testament die Rede. Viele Propheten, aber besonders Hosea, sprechen sehr viel von der Frau, von der Braut des Gottes Israel. Denken wir, Gott habe zwei Frauen? Denken wir, dass der Gott, der den Ehebruch verboten hat und bestraft, selbst Ehebruch betreibt? Und wenn Er Israel Seine Frau nennt, dann meint Er Israel.

Deswegen ist es äußerst wichtig, dass wir als Gemeinde die richtig Perspektive bekommen: Wir werden hinzugetan zur Braut, wir werden zu Israel hinzugetan, nicht Israel zu uns.

Das ist ziemlich neu für die meisten von uns, es ist aber das Wort Gottes. Wir werden hineingepflanzt, hineingetan – und mir fällt wirklich kein deutsches Wort ein – in den „Commonwealth" Israels, in diese Gemeinschaft Israels, in Israel, das alles besitzt. In Römer 9 heißt es:

*„Sie sind die Erben, um der Väter willen, ihnen gehört alles, ihnen gehört die Sohnschaft, ihnen gehört die Herrlichkeit, ihnen gehört die Offenbarung Gottes."*

Und das ist gesagt von einem Israel, das den Messias noch nicht erkannt hat, das den Messias noch nicht angenommen hat, einfach um der Väter willen. Gott läßt sich Seiner Gaben und Berufungen nicht gereuen und preis sei Ihm und wohl uns, denn, wenn Er Israel die Treue bräche, woher sollten wir wissen, dass Er uns gegenüber nicht die Treue bricht? Er meint Israel, wenn Er Israel sagt. Er meint nicht die Gemeinde, wenn Er Israel sagt.

Gott liebt Sein Volk Israel über alle Maßen und Er hat niemals aufgehört, Israel zu lieben.

Selbst dann nicht, als sie sich gegen Ihn wandten, und auch nicht, als sie in die Gaskammern gingen! Er selbst hat Israel gewollt, Er selbst hat Israel geschaffen, Er selbst hat Israel angenommen, Er selbst hat Israel erwählt. Warum?

Weil Er es liebt – ganz schlicht und ergreifend! Das steht in 5. Mose 7 Verse 7 und 8 und an vielen anderen Stellen. Liebe kann man nicht erklären. In dem Moment, wo man einen Grund findet, Liebe zu erklären, hat man sie verloren.

## Gericht und Wiederherstellung

Wie schon erwähnt, war Jesaja einer der größten Propheten. Wir werden jetzt das 6. Kapitel von Jesaja etwas näher betrachten.

Darin geht es um ein Warnen an Israel, um das Gericht über Israel und seine Erlösung. Hier ist die gesamte Entwicklung zur Wiederherstellung Israels dargelegt. Es beginnt mit der Berufung und Beauftragung des Propheten Jesaja. Jesaja stammt aus einem Priestergeschlecht. Jesaja kannte den HERRN und Gott Israels und er war schon lange im Dienst, als er diese Begegnung hatte, von der hier im Kapitel 6 berichtet wird. Da heißt es:

*„In dem Jahr, als der König Usija starb, sah ich den Herrn sitzen auf einem hohen und erhabenen Thron, und sein Saum füllte den Tempel. Seraphim standen über ihm; ein jeder hatte sechs Flügel ..."*

Versucht einmal, euch dieses Bild vorzustellen, versucht es mit eurem inneren Auge, durch euren Geist zu sehen, was Jesaja hier gesehen hat.

*„... mit zweien deckten sie ihr Antlitz, mit zweien deckten sie ihre Füße, und mit zweien flogen sie. Und einer rief zum*

*andern und sprach: Heilig, heilig, heilig ist der HERR Zebaoth, alle Lande sind seiner Ehre voll! Und die Schwellen bebten von der Stimme ihres Rufens, und das Haus ward voll Rauch."*

Ihre Stimme der Anbetung hatte ein Erdbeben ausgelöst. *„... und das Haus ward voll Rauch."*

Es gibt eine andere ähnliche Beschreibung, als König Salomo den Tempel, den er dem HERRN bauen durfte, einweiht am Laubhüttenfest. Als er gebetet hatte, kam Gott in Seiner Herrlichkeit und zog ein in diesen Tempel. Und wir lesen dann, der Tempel wurde erfüllt mit Rauch und die Priester mussten hinausgehen, sie wären sonst gestorben vor dem lebendigen Gott, denn

### Keiner kann Gott in Seiner Heiligkeit sehen und leben

Aber Jesaja ist jetzt mittendrin. Es trifft ihn einfach, er kann nicht entkommen:

*„Da sprach ich: Weh mir, ich vergehe!"*

Die Herrlichkeit des heiligen Gottes trifft auf Jesaja und dieses unvorstellbare, unbeschreibliche Licht der Gegenwart Gottes überführt Jesaja. Niemand musste zu ihm reden, niemand musste ihm erklären, dass er ein sündiger Mensch war.

Er wurde so bloßgestellt, er war so nackt, er war so offengelegt, mit allem, was er war und mit allem was in ihm war.

Er wurde mit sich selbst konfrontiert. Ich bin davon überzeugt, er hat sich niemals zuvor so gesehen wie jetzt, in seiner totalen Sündhaftigkeit, in seiner totalen Unreinheit.

Und diese Erkenntnis, die läßt ihn nur noch ganz laut schreien. Was schreit er? *„Weh mir, ich vergehe!"* Er spürt, er hält es nicht aus. In der Gegenwart des heiligen Gottes kann er nicht bestehen.

Und er erkennt in diesem Augenblick nicht nur seine persönliche Unreinheit, sondern die Unreinheit seines ganzen Volkes. Das war der eigentliche Priesterdienst. Der Priester war da, um in den Tempel hineinzugehen und Opfer darzubringen für das unreine Volk, um es zu entsühnen mit dem Blut von Opfertieren. Diese Handlung war so heilig, dass der Hohepriester, der höchste aller Priester, als einziger und nur ein einziges Mal im Jahr, an Jom Kippur, in dieses Allerheiligste hineingehen durfte, nachdem er sich selbst gereinigt, um das Opferblut hineinzubringen und das Volk für ein Jahr zu entsühnen.

### Feuer Gottes

Jesaja war als Priester in diesem Tempel und die ganze Schuld, die ganze Macht der Sünde Israels trifft ihn. Er schreit ganz laut und sagt:

*„Ich bin unreiner Lippen und wohne unter einem Volk von unreinen Lippen; denn ich habe den König, den HERRN Zebaoth, gesehen mit meinen Augen."*

Und er kann es nicht fassen, er hat den König aller Könige gesehen, er ist in der Gegenwart der Herrlichkeit Gottes und er weiß nicht, wie er bestehen kann. Er muss es aushalten, nicht leben zu können und doch da zu sein, dieses zu empfinden in den tiefsten Tiefen seines Wesens. Und dann heißt es:

*„Da flog einer der Seraphim zu mir und hatte eine glühende Kohle in der Hand, die er mit der Zange vom Altar nahm, und rührte damit meinen Mund an ..."*

Nicht einmal der Seraphim war in der Lage, diese glühende Kohle mit seinen Händen zu fassen, er musste dazu eine Zange benutzen. Es war heiliges, alles verzehrendes Feuer, und er berührte damit die

Lippen des Jesaja – man muss sich das in der Realität vorstellen! Ich glaube, dass dies ein Schmerz ist, den sich niemand von uns wirklich vorstellen kann.

Es ist ein Schmerz, der dich wahnsinnig, der dich ohnmächtig macht, der dich umsinken läßt, der deinen Tod herbeiführt. Die Lippen haben die allerdünnste Haut mit sehr, sehr vielen Nerven darunter.

Dieser Schmerz ist unvorstellbar und unbeschreiblich, aber es ist Feuer vom Altar Gottes. Es ist ein verzehrendes Feuer, es ist ein heiliges Feuer, es ist das Feuer Gottes. Und obwohl es ein verzehrendes Feuer ist, weil es das Feuer Gottes ist, stirbt Jesaja nicht, weil in diesem Feuer das Leben Gottes ist, das lebenbringende, reinigende Feuer Gottes.

## Wiederherstellung durch Feuer

In diesem Feuer ist Jesus selbst. Der Seraphim sprach:

*„Siehe, hiermit sind deine Lippen berührt, daß deine Schuld von dir genommen werde und deine Sünde gesühnt sei."*

Das verzehrende, eigentlich unerträgliche Feuer Gottes, muss zu Jesaja kommen, das heilige Feuer, Jesus im Feuer, das ihm Vergebung bringt, das ihm zur Sühne wird und durch die Sühne kommt die Wiederherstellung.

Nach der Berührung des verzehrenden Feuers, ist Jesaja ein total anderer Mensch, ein vollkommen neuer Mensch. Er hat den König gesehen und er hat sich selbst gesehen. Und er ist aus der Asche erhoben worden durch den König selbst. Und jetzt geschieht etwas:

*„Und ich hörte die Stimme des Herrn, wie er sprach"*

– das Wort Gottes kam zu ihm und traf ihn, die Stimme sprach:

*„Wen soll ich senden? Wer will unser Bote sein?"*

Interessant ist hier das Wort „unser", *„Wer will unser Bote sein?"* Wir haben am Anfang gesagt, in der Schöpfung sprach Gott durch das Wort und Jesus war das Wort und der Geist brütete. Alle drei waren da bei der Schöpfung. Und diese drei sind jetzt wieder da, wenn Er sagt: *„Wer will unser Bote sein?"*

### Ein göttlicher Auftrag

Jesaja bekommt eine völlig neue Chance. Der Dienst wird ein vollkommen neuer, überhaupt nicht vergleichbar mit dem, den er zuvor hatte, obwohl er schon Priester war und im Tempel des HERRN gedient hatte, aber ohne den HERRN aller Heerscharen gesehen zu haben. Das war der alles andere außer Kraft setzende Unterschied. Und er ergreift diese Gelegenheit und sagt:

*„Ich aber sprach: Hier bin ich, sende mich!"*

Er stellt sich mit allem, was er ist, was neu geworden ist, diesem König aller Könige zur Verfügung und sagt: *„HERR, sende mich!"*

Nach der Wiederherstellung folgt die Beauftragung, eine neue Beauftragung, ein neuer Dienst auf einer ganz anderen Ebene, in einer vollkommen neuen Dimension. Diese neue Beauftragung erfordert von Jesaja eine radikale Nachfolge, weil er sonst nicht in der Lage ist, den Dienst auszuführen, der jetzt auf ihn zukommt. *„Hier bin ich, sende mich!"* sagt er, und durch die alles verändernde Begegnung mit dem Heiligen und Allmächtigen und seine Reaktion darauf, geschieht es wieder:

Gott nimmt einen Menschen heraus aus einer sündigen Umwelt,

um Seinen Standard, Seine Thora hochzuhalten, damit Er, der Gott Israels, gesehen wird.

Jesaja erhält nach dieser dramatischen Berufungs- und Beauftragungsgeschichte seinen ersten Auftrag. Den betrachten wir etwas näher, denn nach menschlichem Ermessen ist er, gelinde gesagt, schrecklich. Wer möchte gerne solch einen Auftrag ausführen? Aber Gott hat ihn zuerst gefragt: *„Wen soll ich senden?"* und er sagt jetzt bedingungslos *„Herr, sende mich!". „Und er sprach: Geh hin und sprich zu diesem Volk"* – und es geht hier natürlich um das Volk Israel –

*„Höret und verstehet`s nicht; sehet und merket`s nicht! Verstocke das Herz dieses Volkes und laß ihre Ohren taub sein und ihre Augen blind, daß sie nicht sehen mit ihren Augen noch hören mit ihren Ohren noch verstehen mit ihrem Herzen und sich nicht bekehren und genesen."*

## Ein „schrecklicher" Auftrag

Das ist der Auftrag, den Jesaja bekommt vom HERRN. Er soll hingehen und über diesem Volk aussprechen, dass das Volk blind, taub und verstockt wird. Und beachtenswerterweise soll er es im Namen und im Auftrag Gottes tun. Bis zu diesem Zeitpunkt hatte das Volk die Offenbarung Gottes. Es hat Gott gesehen, hat Gott erlebt. In der Wüste ging Gott mit Israel bei Tag in einer Wolkensäule, bei Nacht in einer Feuersäule. Gott offenbarte sich am Berg Sinai beim Bundesschluß. Da erbebte der Sinai und dann sprach Gott durch die Propheten immer und immer wieder. Ohne eine letzte „extra" Vorwarnung hört es nun damit auf. Genau das lesen wir hier, weil sie die Offenbarung Gottes hatten und nicht darauf hörten und nicht umgekehrt sind.

Aber es ist ein außerordentlich schwierig auszuführender Auftrag und ich kann mir sehr gut vorstellen, dass Jesaja darüber bis ins Mark erschüttert war. Weil er das kaum akzeptieren kann, reagiert er und sagt: *„Ich aber sprach: Herr, wie lange?"* Von Anfang an geht er davon aus, dass das nicht ewig sein kann, das paßt nicht zum Vater Gott. Der das im Auftrag sagen läßt, ist ja der Gott Israels, der sich selbst dieses Volk zum Eigentum erwählt und gesagt hat: *„Ich habe dich je und je geliebt"*. Also konnte es nicht für ewig sein! Das war ihm klar. Und deswegen sagt er:

*„Herr, wie lange? Er sprach: Bis die Städte wüst werden, ohne Einwohner, und die Häuser ohne Menschen und das Feld ganz wüst daliegt. Denn der HERR wird die Menschen weit wegtun, so daß das Land sehr verlassen sein wird. Auch wenn nur der zehnte Teil darin bleibt, so wird es abermals verheert werden, doch wie bei einer Eiche und Linde, von denen beim Fällen noch ein Stumpf bleibt. Ein heiliger Same wird solcher Stumpf sein."*

Nach unserem Zeitempfinden bedeutet es sehr lange und wir sind dafür Zeugen, denn dieses Wort des HERRN wirkt an Israel bis in unsere Zeit hinein. Durch die Jahrtausende hindurch haben wir versucht, die Juden zu bekehren. Welche Bibel haben wir gelesen? Gott selbst hat Sein Volk taub und blind gemacht, dass sie Augen haben und nicht sehen und Ohren haben und nicht hören. Und Jesaja fragt: *„Wie lange?"* und Er antwortet: „Es ist sehr lange, sehr lange". – Im AT ist die für Israel darauf folgende tragische, leidensreiche Zeit in Variationen beschrieben.

Gott hält Wort und tut genau das, was Er über Seinem Volk ausgesagt hat. Aber dann gibt es diesen Stumpf mit dem heiligen Samen und dann beginnt die Wiederherstellung; und die ist 100% zugesagt.

## Wiederherstellung auf Raten

Wenn wir dann weiterlesen und in der Geschichte nachforschen, dann sehen wir, dass diese Wiederherstellung in Raten kommt.

Wir wissen, dass der Tempel zerstört, dass das Volk weggeführt wurde: zuerst das Nordreich und dann das Südreich. Nach 70 Jahren kehrte dann nur ein geringer, ganz bescheidener Teil aus Babel zurück. Die weitere Entwicklung verlief ähnlich. Das Volk war Seinem Gott ungehorsam und entfernte sich immer weiter von Ihm. Es wurde wieder ganz dunkel in Israel. Zur Zeit der Geburt Jesu war es so dunkel, wie nie zuvor. Es hatte schon lange gar keine Propheten mehr gegeben, und es heißt an einer Stelle: *„Mein Volk geht zugrunde aus Mangel an Erkenntnis",* weil es keine Vision hat.

Rom ist Besatzungsmacht, aber dennoch erscheint in dieser totalen Finsternis der heilige Same Abrahams; Jeshua HaMaschiach, der Sohn Gottes, wird geboren. Er ging umher und predigte Seinem Volk die gute Nachricht, dass das Reich Gottes in Seiner Person mitten unter ihnen sei, er heilte die Kranken, trieb Dämonen aus, weckte Tote auf und setzte Gefangene frei. Die Massen und all die, denen Er wohlgetan hatte, folgten Ihm nach. Später hatte Er 12 Jünger. Aus einem größeren Teil Seiner Anhänger schickte Er 70 in Seinem Namen, mit demselben Auftrag aus. Dann ließ Er sich in Jerusalem ans Kreuz nageln, gab Sein Leben hin, zuerst für Sein Volk und dann für alle, die es wollten, als Retter, Erlöser, Heiland, Friedefürst und unendlich viel mehr.

Es gab in Israel einen heiligen Überrest und von Anfang an haben Menschen an diesen Jeshua HaMashiach geglaubt und sind gerettet worden. Die erste Gemeinde war vollkommen jüdisch. Bis Ende des 1. Jahrhunderts gab es überhaupt nur jüdische Gemeinden. Erst danach überschritt die Frohe Botschaft die Grenzen Israels und kam auch zu uns. Dennoch hat der größere Teil Israels Jesus bis heute nicht angenommen und wir wissen alle, dass 70 nach Christus der Tempel zerstört wurde und das Volk in die ganze Welt zerstreut und das Land wüst und leer wurde, ganz genau so, wie Gott es in Jes. 6 vorhergesagt hat.

Alles traf genau ein und blieb so 1900 Jahre lang. Das Land

bestand nur noch aus einer totalen Wüste und einem schrecklichen, todbringenden Sumpf.

## Auferstehung

Dann plötzlich, am Ende des 19ten Jahrhunderts und mit Beginn des 20ten Jahrhunderts tröpfelten Juden aus allen Richtungen zurück ins Land, anfänglich besonders aus dem zaristischen Rußland, in dem es Pogrome der übelsten Art gegen die Juden gab, und die Wiederherstellung nahm ihren Lauf.

Am 14. Mai 1948 erreichte sie einen Höhepunkt, als die Nation wiedererstand und neu zum Leben gekommen, ja, auferstanden ist, genau so, wie der HERR es vorhergesagt hat. Ein weiterer Meilenstein war die Wiedervereinigung Jerusalems im Juni 1967, die auf wundersame Weise in dem berühmten 6-Tage-Krieg erfolgte. Seither ist sie, außer der ewigen, auch die unteilbare Hauptstadt Israels, die sich der HERR, als David König war, selbst zum Wohnsitz aussuchte. Diese Wiedervereinigung kündet auch von der baldigen Wiederkunft unseres HERRN, weil Er weder in eine geteilte, noch in eine internationale Stadt zurückkommen wird, sondern in Sein jüdisches Jerusalem! Und es geht weiter.

## Jeshua das Licht

In den 40er Kapiteln des Propheten Jesaja ist dann diese Wiederherstellung in wunderbaren Worten bis ins Detail dargestellt. In Kapitel 42, Verse 6 und 7 lesen wir:

> *„Ich, der HERR, habe dich gerufen in Gerechtigkeit und halte dich bei der Hand und behüte dich und mache dich zum Bund für das Volk,"*

– und in diesem Fall ist mit dem Knecht Israel Jesus gemeint – in

Jesus ist der „Neue Bund" zuallererst mit Seinem Volk geschlossen. Er ist zuerst dem Volk Israel angeboten, bestimmt und gegeben und dann erst sind wir dazugekommen. Jesus ist in Seiner Person der Bund!

In Jesus bestätigt Gott Seinen Bund mit Seinem Volk und erneuert den Auftrag des Volkes, jetzt als Knecht/Sohn Gottes in und durch Jeshua, Licht für die Heiden zu sein. „*...daß du die Augen der Blinden öffnen sollst"*, welche blinden Augen? Jesus ist der, der die blinden Augen Seines Volkes öffnen kann, öffnen wird und dabei ist, sie zu öffnen.

### Blind um unsretwillen

Außer ihrem Ungehorsam gegenüber ihrem himmlischen Vater, gibt es aber noch einen höchst erstaunlichen Grund für ihre Blindheit und der hat etwas mit uns zu tun. Den können wir im Römerbrief Kapitel 11 nachlesen. Wenn wir humanistisch denken, dann empfinden wir diesen Grund als außerordentlich ungerecht dem Volk Israel gegenüber. Aber da heißt es, dass um der Heiden willen – also wegen uns – die Botschaft und das Heil Israel entzogen wurde, dass sie sogar um unsretwillen ungehorsam und blind werden mussten, damit das Heil auch zu uns, den Heiden, kommen konnte.

Das ist ungeheuerlich und ich denke, es fällt uns sehr schwer, hier die Höhe und die Tiefe und die Breite und die Länge der Liebe des Vaters wirklich zu ermessen. Wir wissen, dass Er Sein Volk über alle Maßen liebt, aber wir sehen, wir brauchen nicht eifersüchtig zu sein auf dieses Volk, weil Er uns so sehr liebt, dass Er Seinen Sohn schickt und der auch für uns sterben muss und alle unsere Schuld und Sünde auf Sich nimmt, damit wir frei von uns selbst und von aller Sünde und Seine Kinder werden können. Er liebt uns so sehr, dass das Volk Seines Eigentums um unsretwillen ungehorsam und blind werden muß, damit wir auf diese Weise dazukommen dürfen!

Wir können es drehen und wenden wie wir wollen: ohne Israel hätte es für uns niemals Erlösung gegeben, wären wir nie zum Vater gekommen! Können wir das wirklich fassen?

Es übersteigt bei weitem mein Vorstellungsvermögen und es ist rein menschlich wohl wirklich nicht zu erfassen. Aber Preis sei Ihm, der uns Seinen Heiligen Geist gegeben hat, der uns dabei hilft! – So jedenfalls ist das Herz des Vaters!

## Dann wird ganz Israel gerettet

Aber in Römer 11 lernen wir auch: Gott hat einen Zeitpunkt gesetzt, bis zu dem das Heil zu uns, den Heiden kommt, nämlich bis die Vollzahl, die Fülle, der Heiden eingegangen ist. Das bedeutet, bis das Heil zu allen ethnischen Gruppen gekommen ist, die es auf der Erde gibt, bis Seine Liebe alle Menschen erreicht hat und die Zahl und Qualität, die Gott selbst gesetzt hat, erreicht ist. Es heißt nicht, dass Ihn dann alle Menschen angenommen haben werden, aber alle haben die Chance gehabt. Rö. 11, 25 u. 26 sagt, dass, wenn dies der Fall und dieser Zeitpunkt gekommen ist, dann wird ganz Israel gerettet werden.

Und wir sehen hier wieder eine Wechselwirkung. Damit ganz Israel gerettet werden kann, muss das Heil zuvor zu den Heiden gekommen sein. Israel kann nicht ohne uns zum Gott Israels zurückkommen und Ihn als ihren Messias erkennen.

Wenn aber das Heil zu uns gekommen ist, dann hat Israel die 100%ige Zusage des Vaters, dass dann ganz Israel gerettet werden wird, und diese Zusage hat kein anderes Volk, nur Israel! Und es gibt in Vers 15 noch eine gewaltige Steigerung. Es heißt da: „Wenn das geschieht, wenn ganz Israel gerettet wird, dann werden die Toten auferstehen!"

Begreifen wir, was hier gesagt ist? Glauben wir dem Wort Gottes? Wenn ganz Israel gerettet wird, werden die Toten auferstehen. Das bedeutet: diese ganzen hoffnungslosen geistlichen Leichen, auf die man überall trifft, ganz besonders in unserem Land, werden zum Leben kommen.

Es wird die allergrößte Erweckung sein, die jemals auf dieser Erde geschehen ist, überall werden die Toten zum Leben kommen! Ich persönlich glaube darüber hinaus, dass wenn das passiert, sich auch Gräber öffnen und eine Auferstehung stattfinden wird unter denjenigen, die entschlafen sind. Die Voraussetzung dafür ist, dass ganz Israel gerettet wird!

### Wenn der Feigenbaum blüht

Wichtig ist zu verstehen und zu sehen, dass diese Wiederherstellung begonnen hat.

Wie von nahezu allen Propheten vorhergesagt, gibt es wieder einen Staat Israel, an dem und durch den wir erkennen können, dass „der Feigenbaum blüht". Der Feigenbaum ist ein Symbol für das Volk Israel und er blüht wieder, auch wenn er ständig abgeschossen werden soll, auch wenn er ständig beschnitten werden, auch wenn er ständig herausgerupft und vernichtet werden soll. Es gibt ihn und er blüht!

In Amos Kapitel 9, in den letzten Versen – und es handelt sich hier um die Endzeit – lesen wir:

> *„Denn ich will sie in ihr Land pflanzen, daß sie nicht mehr aus ihrem Land ausgerottet werden, das ich ihnen gegeben habe, spricht der HERR, dein Gott."*

Das dürfen wir wissen und uns darüber freuen, vollkommen gleichgültig, wie sehr der Feind tobt, egal, was dort gerade politisch geschieht und selbst unabhängig davon, was sich dort momentan geistlich abspielt – Gott hat die Zusage gemacht: „es wird nie wieder ausgerissen werden". Hallelujah!

Der Feigenbaum blüht, die Wüste, die echte Wüste, hat angefangen zu blühen. Jeder kann sich davon überzeugen, wenn er durch dieses Land fährt.

Noch Ende des 18. Jahrhunderts, als Mark Twain dem vollkommen verödeten Land einen Besuch abstattete, sagte er in etwa folgendes: „Nur die Hölle kann schlimmer sein, unvorstellbar, dass dort überhaupt Menschen leben sollen, es gibt keinen Baum, keinen Strauch, keinen Schatten, kein Wasser – einfach nichts." – Jetzt blüht Israel. Und wo immer Juden zurückkommen, egal wie wüst die Wüste ist, wird es grün.

Wo die Araber sitzen ist dagegen Wüste, weil sie einen Wüstengott anbeten. Allah ist ein Wüstengott. Das kann man überall feststellen, wo sie leben. Wo immer dieser „Gott" herrscht, werden die Menschen und ihre Umgebung zur Wüste, innen und außen, alles wird wie er. Und wenn es vorher nicht so war, wird es wüst, wo sie hinkommen.

## Der Gott Israels kehrt zurück ins Land

Überall dort, wo Juden zurückkommen und im Land siedeln, dort beginnt Leben, weil der Gott des Lebens zurückkehrt, so, wie Er es vorhergesagt hat. Und Er selbst baut Seinen Leib in diesem Land. Es gibt in Israel Juden, die den Messias kennen und wissen, Er ist der Gott Israels, die Ihn in ihren Gemeinden, in ihrer Sprache und in Seiner Sprache anbeten.

Sie haben den Auftrag, Seine königlichen Priester vor Ort zu sein, durch die Er jetzt in diesem Land regieren wird und will, und durch die Er angefangen hat, Seine Herrschaft aufzurichten.

Nicht irgendeinem Regierungschef gehört tatsächlich die Macht – sie kommen und gehen – sondern Ihm und Seinem Leib! Seine heutigen Jünger sind es, die dazu berufen sind, Sein Wort in Vollmacht zu sprechen – und es fängt an zu geschehen.

## Wir brauchen einander

Ich meine, dass wir, angesichts all dieser Fakten, anfangen sollten, Tag und Nacht zu beten und zu Ihm zu rufen, sowohl, dass die Mission eilends weiter fortschreitet, die Menschen dieser Erde weltweit gerettet werden und auf diese Weise die Vollzahl aus den Nationen erreicht wird, als auch, dass der Schleier von den Herzensaugen des jüdischen Volkes genommen wird und sie wieder sehen und den HERRN der Herrlichkeit erkennen können.

Sollten wir nicht ohne Unterlaß für Israel beten, dass ganz Israel gerettet wird und unsere Toten auferstehen?

Wir sollten aber auch dafür beten, dass unser Schleier verschwindet und wir die Zusammenhänge zwischen dem Heil für Israel und uns erkennen können. Wir brauchen einander, wir brauchen einander ganz dringend.

Ich glaube, dass wir als „deutsche Heiden" dabei eine besondere Rolle spielen dürfen. Ich weiß, dass viele von uns es nicht mögen, wenn wir als Heiden bezeichnet werden, aber die Bibel nennt uns so. Nach der Bibel gibt es nur zwei Sorten Menschen: Juden und Heiden und sie sind die Juden und wir sind eben die „gläubigen Heiden", oder die Gläubigen aus den Nationen.

Als solche werden wir in besonderer Weise zusammenstehen mit Israel. Viele von uns kommen aus Gemeinden, wo wir immer wieder schmerzlich erleben, wie blind unsere Leute für Israel sind, genauso blind wie das Volk Israel für Seinen Messias. Israels völlige Wiederherstellung wird durch den Messias selbst geschehen. Aber wir, als Deutschland, brauchen genauso eine Wiederherstellung, wir brauchen sie und sie brauchen uns, um in die Fülle dieser Wiederherstellung hineinzukommen.

Teil III

# Vom Spannungsfeld „Israel und die Gemeinde" zum „Neuen Menschen"

Dieses Thema „Israel und die Gemeinde", gestaltete sich von Anfang an schwierig und problematisch.

Das Zeitalter der Gemeinde war von Feindschaft gegen das Judentum geprägt. Die Beziehung zwischen der Gemeinde und Israel war seit Entstehen der Gemeinde an Pfingsten, im Obergemach in Jerusalem, gespannt und besonders seit dem Konzil von Nicäa, 325 n. C., äußerst unrühmlich, geprägt von „christlichem Antisemitismus" – obwohl es diesen Begriff erst seit Ende des 19. Jahrhunderts gibt – mit der Lehre von den Juden als den Gottesmördern, ihrer daraus folgenden Verwerfung durch Gott und die Einsetzung der Christen an ihrer Statt als Erben der Verheißung und Erwählung.

Von Anfang an entfernten sich die Kirchenväter durch ihr hellenistisch-philosophisches Denken vom biblisch-hebräischen Denken in der Heiligen Schrift und entfremdeten, durch ihre von Überheblichkeit, Verblendung und Eifersucht hervorgerufene antijüdische Interpretation der Bibel, die Menschen des Abendlands vom vollkommenen Heilsplan Gottes, der in Seiner göttlichen Weisheit das jüdische Volk und die Nationen in Einheit als die Braut Jesu vorsieht.

Je weiter sie sich vom Herzen Gottes für Sein Volk entfernten, desto mehr nahm ihre geistliche Finsternis zu! – Judenverachtung, -verleumdung, -verfolgung, -vertreibung, -vernichtung waren, mehr oder weniger, durch alle Jahrhunderte die Folge. Darüber hinaus enthielt die „Heilige Römische Kirche" das WORT GOTTES dem „gemeinen Volk" vor, bis Martin Luther, in der ersten Hälfte des 16. Jahrhunderts, die Bibel ins Deutsche übersetzte. Der wiederum trug am Ende seines Lebens mit seinen Hasspredigten gegen die Juden maßgeblich dazu bei, den tiefen Graben zwischen beiden noch unüberwindbarer zu machen. Er war damit auch Wegbereiter für den Holocaust. Hitler sagte einst: „Ich führe nur das zu Ende, was das Christentum seit 2000 Jahren gelehrt und praktiziert hat."

### „Die Juden sind unser Unglück"

1871 hielt Adolf Stöcker, Hofprediger am Berliner Dom und Politiker, seine erste antisemitische Predigt und im selben Jahr veröffentlichte Heinrich von Treitschke, der an der Berliner Humboldt Universität Professor für Geschichte war, seine erste Schmähschrift gegen die Juden, in der er den Satz prägte: „Die Juden sind unser Unglück."

Diese unselige Geschichte fand im letzten Jahrhundert bei uns, in Deutschland und Europa, durch Hitler ihren unfassbaren Höhepunkt in der Ermordung von sechs Millionen Juden, gegen die die Kirche, außer einzelnen, nicht aufstand, nicht die Verantwortung übernahm, die ihr von Gott übertragen ist!

Mit der dem 2. Weltkrieg folgenden Wiederentstehung des Staates Israel, am 14. Mai 1948, geschah ein Wunder: die Erfüllung Jahrtausende alter Prophetie!

Durch die Neugründung der BRD und der DDR im Jahre 1949, entstand ein neues Kapitel der jetzt erst recht problematischen Beziehung der Gemeinde in Deutschland und Israel. Das Ausmaß der Schuld lag erdrückend in Ost und West auf ganz Deutschland und prägte unsere nationale Entwicklung und Beziehung zu Israel und den anderen Staaten entscheidend.

## Himmelweit vom Willen Gottes entfernt

Die evangelischen Marienschwestern waren nach dem Krieg, unter Mutter Basilea Schlink, die ersten, die unser Volk zu Buße und Umkehr aufriefen und wurden von Anfang an dafür von vielen Seiten angefeindet – auch von Landeskirchen und Freikirchen. Ein mühsamer und schwerer Weg begann! Einzelne Gläubige aus allen Lagern und Konfessionen, ließen sich rufen und erkannten die Notwendigkeit einer nationalen Hinwendung zu Israel mit der Bereitschaft, in der Tiefe unseres Herzens wirklich umzukehren, uns unserer Vergangenheit zu stellen, sie aufzuarbeiten, unsere Schuld beim Namen zu nennen, uns vom Antisemitismus abzukehren und uns Israel, als dem von GOTT erwählten und geliebten Bundesvolk in der Liebe und mit Sicht des Vaters zuzuwenden, und zwar als einzelne, als Gemeinden, als Christen, als Städte, als ganzes Volk!

Die Einsicht wuchs bei immer mehr Gläubigen, dass dies nicht nur notwendig, sondern absolute Voraussetzung für unsere eigene Freisetzung, Heilung und gesunde Entwicklung als Volk und Staat vor Gott und in der modernen Welt war und ist.

Weil die Resonanz in vielen Kirchen und Gemeinden nicht gerade groß war, obwohl einzelne Pfarrer und Pastoren von Anfang an ein klares Bekenntnis zu Israel hatten und Ansätze von Buße in den Landeskirchen vorhanden waren, fanden sich mehr und mehr gleichgesinnte Christen zum Gebet zusammen, um gemeinsam für dieses Anliegen zu beten. Gleichzeitig befassten sich diese Gebetsgruppen zunehmend mit dem Wort Gottes, um herauszufinden, was Gott selbst über Sein Volk und uns und unsere Beziehung zueinander denkt. Immer mehr setzte sich die Erkenntnis durch, dass wir in unserem christlichen Lebensstil mit Bezug auf Israel himmelweit vom Willen und der Liebe Gottes für Sein Volk entfernt sind, dass die Dinge, die im heutigen Israel und in der Weltpolitik geschehen, einen unmittelbaren Zusammenhang mit den Aussagen der Bibel haben und wir deshalb über das aktuelle Geschehen ebenso wie über das, was Gott in Seinem Wort dazu sagt, Bescheid wissen müssen.

## Entstehung von unabhängigen Israelwerken

Aus dieser Entwicklung heraus entstanden die ersten gemeindeunabhängigen Israelwerke, die es sich zur Aufgabe gemacht haben, das Thema Israel durch verschiedene Schwerpunkte wie Aufruf zur Buße über die Schuld unseres Volkes, Gebet für Israel und biblische Lehre über Israel, Berichte über das aktuelle Geschehen in Israel im Licht der Bibel betrachtet, in unsere Gemeinden zu bringen und praktische und finanzielle Unterstützung für Israel und Hilfe bei der in der Bibel vorhergesagten Rückführung der Juden (Alijah) aus aller Welt zu leisten, den Überlebenden des Holocaust zu dienen und so für Versöhnung zwischen Deutschland und Israel, Juden und Christen und Heilung unserer Beziehung zu arbeiten.

## Verletzungen

Immer wieder stießen jedoch Israelfreunde auf Unverständnis für ihr Anliegen und wollten deshalb oft übereifrig und mit allen Mitteln, ihre Erkenntnisse in ihren Gemeinden zum Thema machen. Dies führte teilweise zu schweren Verletzungen und Verhärtungen auf beiden Seiten.

Der Begriff „Israelfreaks" wurde geboren und verbreitete bei vielen Christen „Angst und Schrecken" und schadete so insgesamt den Israelwerken, den Gemeinden und dem Thema Israel überhaupt. Viele Pastoren und Pfarrer sind vor diesem Eifer zurückgewichen, weil es überall und immer Leute mit Lieblings- und Spezialthemen gibt, die alle anderen um sich herum auf die Dauer nerven, und vor denen man nur noch flüchten kann, ohne Schaden zu nehmen. Viele empfinden deshalb das Thema Israel als zu dieser Gattung gehörig.

Es ist wahr. Solche hat es auch unter den Israelfreunden gegeben. Bei einigen kam das Thema Israel in die Schieflage, weil es plötzlich den Platz Gottes selbst einnahm und so zum Götzen wurde.

Andererseits glaube ich immer mehr, dass Gott selbst in unserer Zeit Israelwerke hervorgebracht hat, um sie als Transporteur für Sein Anliegen Israel zu gebrauchen, das Seinem Herzen ganz nahe ist, wozu einzelne Gläubige nicht in der Lage sind.

## Israel – ein Hauptthema auf dem Herzen Gottes

Immer mehr wurden die Israelwerke in unserem Land unter Christen und in unseren Gemeinden, neben einzelnen messianischen Juden aus Israel oder den USA, zu einer Art Fürsprecher und Sprachrohr für Israel oder zu einer Brücke, einer Verbindung zwischen Israel selbst und der Gemeinde. Nachdem Gott den von Ihm berufenen Werken einen Auftrag für Israel erteilt hat, haben sie versucht, die Aufmerksamkeit von uns Christen auf Israel zu lenken, in der tiefen und festen Überzeugung, dass dies der Wille Gottes sei, weil Israel ein Hauptthema im Herzen Gottes ist und er selbst, jetzt, in dieser Endzeit, Israel wieder in unser Blickfeld und sogar in den Mittelpunkt des Geschehens rücken will. Weil für Gott dieses Thema in dieser Zeit so wichtig ist, muss es in alle Gemeinden, denn es ist ein Teil von uns allen. Wir haben denselben Gott!

## Ohne sie fehlt uns etwas!

Wir haben dieselben Wurzeln! Wir haben dieselbe Heilige Schrift! Sie sind unsere älteren Brüder, die Erstgeborenen! Ohne sie fehlt uns etwas. Indem wir uns von ihnen abgespalten haben, haben wir den Fluch der Spaltung auf uns gelegt und uns vieler Dinge, die in Seinem Wort Seinem Volk geboten und verheißen sind, beraubt.

Für viele Christen ist das Alte Testament ohne Bedeutung. Sie sind oder haben sich davon abgeschnitten. Für sie zählt nur das Neue Testament. Sie merken dabei gar nicht – und viele wurden auch nie darüber gelehrt – dass das AT unsere Wurzeln sind, ohne die wir, wie ein Blumenstrauß in der Vase, nicht überleben können. Ohne das AT fehlt uns die Grundlage, die Gott in Seinem Wort durch Seine Propheten gelegt und Seinem Volk offenbart hat.

Ohne diese Grundlage – das Wort Gottes – das Jesus in Person von Anfang bis Ende ist, auch im AT, kommen wir zwangsläufig zu einer falschen Sicht, weil uns elementare Offenbarung, Erkenntnis und Wissen über Gott fehlen.

Erst wenn wir in Jesus – ihrem und unserem Messias – wieder eins werden und sie als unsere Brüder lieben, wird dieser Fluch aufgehoben in Ihm! Erst dann sind wir offen und empfänglich für die Fülle in Ihm und aus Ihm und Seinem Wort!

## Zeit der Wiederherstellung

Jetzt ist die Zeit der Wiederherstellung! Der Heilige Geist selbst hebt das Thema Israel hervor zur Heilung von uns und Israel und unserer Beziehung zueinander, damit wir alle Seine Fülle empfangen und gemeinsam die eine Braut werden können.

Im Jahr 2005 waren 70 Jahre seit Hitlers Rassegesetzen vergangen. Viel Buße hat in den verschiedensten Kreisen, Kirchen und Gemeinden und Gesellschaftsschichten in unserem Land stattgefunden – und in vielen nicht. Als bisheriger Höhepunkt der Annäherung von Israelwerken und Gemeinden fand in Berlin, im November 2006, der erste Gemeinde-Israel-Kongress statt. Es war der Auftakt zu einem neuen Miteinander und einer neuen geistlichen Dimension, die dort anbrach. Mit diesem Kongress wurde das neue Gemeindezentrum der „Gemeinde auf dem Weg" eingeweiht und miteinander gefeiert.

Gemeinsam befassten sich die Gemeinden und die Israelwerke mit dem Thema Israel und ihrem Verhältnis zueinander und zu

Israel. So etwas hatte es in Deutschland in einer solchen Konstellation noch nie zuvor gegeben!

## Christen und Juden gehören zusammen

Christen und Juden gehören unweigerlich zusammen, denn nur aus beiden entsteht der NEUE MENSCH.

Das jüdische Volk, das Volk der Erwählung, kann nicht ohne uns das Heil ererben und Braut sein, obwohl Gott sich mit ihm bereits vor langer Zeit und bevor es uns Christen gab, verlobt hat.

Es braucht uns, die aufgepfropften Christen, um Teil des NEUEN MENSCHEN zu sein. Und wir gehören auch nicht dazu, ohne unsere älteren Brüder, weil Gott in Eph. 2 ganz klar- stellt, dass JESUS in Sich aus beiden eins macht! Ohne sie geht es nicht.

Jetzt ist die Zeit, dass die Decke der Blindheit, die seit 2000 Jahren auf uns allen liegt, weggenommen wird; vom jüdischen Volk, dass sie JESUS, ihren und unseren Messias, sehen und von uns Christen, dass wir Gottes Herz für Sein geliebtes Volk Israel erkennen können und das lieben, was der Vater liebt!

Es ist schlichtweg unmöglich, den Vater zu lieben und Seine erstgeborenen Kinder abzulehnen. Es ist ganz und gar ausgeschlossen, Jesus, den Sohn Gottes, der als Jude in Israel in Sein Volk hineingeboren wurde, zu lieben und Seine Brüder zu hassen. Paulus, der große „Heidenapostel" sagt dazu in Rö. 9, 3-5, und ruft dafür Christus zum Zeugen an, um zu unterstreichen, was er sagt:

*„Ich selber wünschte, verflucht und von Christus getrennt zu sein für meine Brüder, die meine Stammverwandten sind nach dem Fleisch, die Israeliten sind,*

– es ist hier Gottes eigene Liebe, die in Paulus zur Explosion kommt –, *denen die Kindschaft gehört und die Herrlichkeit und der Bund und das Gesetz und der Gottesdienst und die Verheissungen, denen auch die Väter gehören, und aus denen Christus herkommt nach dem Fleisch, der da ist Gott über alles, gelobt in Ewigkeit. Amen!"*

Israel liegt in den Geburtswehen der Wiederkunft des Messias, die der Feind mit allen Mitteln verhindern will, mit allem, was dort im Moment geschieht, z. B. der offenen Drohung der Vernichtung des Volkes und des Staates, sowohl von innen und außen.

Wir gehören jetzt an die Seite Israels, auf die Seite des Vaters! Wir dürfen heraustreten aus unserer Vergangenheit, weil Jesus unsere Schuld gesühnt hat. Nur wenn wir uns selbst lieben und uns und die Vergebung Jesu für unsere Schuld annehmen, setzt uns das frei, Israel zu lieben und anzunehmen. Der Vater liebt Israel und uns. Er ist der Gott, der heilt – uns und Israel und unsere Beziehung zueinander.

# Teil IV

# Frieden und der Islam

Vollkommene Wiederherstellung beinhaltet echten Frieden. Alle Welt redet vom Frieden im Nahen Osten und in den Medien wird er fast wie ein Mantra gebetsmühlenartig immer wieder beschworen.

Deshalb ist es notwendig zu wissen, was der Begriff „Friede" im Islam bedeutet, denn am Verhandlungstisch sitzen Verhandlungpartner, die nicht nur verschiedenen Kulturen angehören, sondern ihr Glaube unterscheidet sie in jeder Hinsicht voneinander.

Zu den Juden und Moslems gesellt sich als Dritter im Bunde der Westen, dessen Vertreter dem christlichen Abendland angehören, von denen aber viele bekennen, dass sie gar nichts glauben und deshalb in unserer aufgeklärten Welt Glaube ohnehin kein Thema zu sein hat.

Wir werden deshalb untersuchen, ob ein Friede im Nahen Osten durch Verhandlungen möglich ist.

Um die richtige Antwort zu geben, müssen wir verstehen, was der Islam ist. Bei der Hauptfrage, die wir im Nahen Osten stellen müssen, geht es allerdings in erster Linie nicht darum, wem das Land gehört, sondern die Frage muss lauten: „Wer ist der wahre Gott – Allah oder der Gott Israels? Das ist die Kernfrage! Wenn nämlich Allah nicht mächtig genug ist, das kleine Zipfelchen Israel in diesem riesigen islamischen Völkermeer zu erobern, dann ist er nicht allmächtig! – und das kann und darf nicht sein! Und deswegen muss Israel mit allen Mitteln unterworfen und/oder ausgelöscht werden. Und das geht nicht mit Frieden, sondern nur mit Gewalt. Bevor wir etwas näher auf den Islam eingehen, gebe ich zuerst eine Kurzdefinition der drei monotheistischen Religionen, von denen manche Menschen meinen, sie hätten alle den gleichen Gott. Das aber ist ein Irtum.

### Das Judentum

Das Judentum ist eine Offenbarungsreligion: Der allmächtige Gott, der Gott aller Götter, offenbart sich zuerst einem Mann, Abram, den Er mit Seinem göttlichen Wort, das Leben schafft und Offenbarung wirkt, aus einem anderen Volk herausgerufen hat.

Abram, der aus Chaldäa, dem heutigen Irak stammt, erkennt Gott als den Gott aller Götter und HERRN aller Heerscharen und König aller Könige! – und gehorcht deshalb dieser Stimme.

Er wird aufgefordert, sich von allem zu trennen, was sein Leben ausgemacht hat. Er musste sich völlig abwenden von allem, was ihm bis dahin bekannt, kostbar und lebenswert war und mit der neuen unvergleichlich gewaltigen Offenbarung in eine vollkommen neue unbekannte Richtung gehen, zusammen mit dem neuen Gott. Ein buchstäblich neues Leben begann für ihn und mit ihm und durch ihn.

Aus diesem Mann und dessen direkte, von Gott verheißene, berufene und eingesetzte Nachkommen, über die Linie der Verheißung, verkörpert in dem spät und aus dem Willen Gottes geborenen Sohn Isaak heraus, hat Gott sich ein Volk Seines Eigentums geschaffen.

In der Entwicklungsgeschichte dieses Volkes, das wie kein anderes Volk aus dem Willen, aus dem Wort und aus dem Geist Gottes geboren wurde, offenbarte Er sich Seinem Volk durch Propheten, Priester und Könige. Die in diese Ämter Berufenen, waren die

Verbindungsglieder des Gottes Israel zu Seinem Volk Israel. Durch sie hat Er an Seinem Volk und durch Sein Volk gehandelt und sich so auch der Welt bekannt gemacht. Er hat sich das Volk Israel als Volk Seines Eigentums, und in dieser Bestimmung und Berufung als Licht für die Nationen, geschaffen, damit in ihm und durch es alle Welt diesen Gott erkennen könnte.

## Das Christentum

Das Christentum ist eine Offenbarungsreligion, durch die und in der Gott den Radius seiner Offenbarung in einem unvorstellbaren Ausmaß weltweit ausgedehnt hat.

Er selbst ist in Jesus Christus im „jüdischen" Fleisch gekommen, in der Gestalt eines Menschen. In Jesus, dem Messias, ist Er allen Menschen zugänglich, denn *„wer den Sohn sieht, sieht den Vater"* und *„Jesus ist das Ebenbild des unsichtbaren Gottes"*!

Jeder einzelne Mensch kann Gott kennen in Jesus und durch Jesus zu Gott kommen. Das ist gewaltig, wunderbar und herrlich.

## Der Islam

Und dann gibt es den Islam. Wenn wir nicht begreifen, was der Islam eigentlich ist, will und meint, begreifen wir gar nichts, nichts von dem, was sich im Nahen Osten abspielt und nichts, womit alle auf dieser Welt mehr und mehr konfrontiert werden.

Der Islam ist keine Offenbarungsreligion. Außer Mohammed hat niemand etwas von oder über Allah gehört.

Der Islam ist eine Religion des Territoriums. Das höchste Ziel des Islam ist, die gesamte Welt, das Territorium der Welt, diesem Allah zu unterwerfen.

Islam selbst heißt: Unterwerfung. Es gibt einen Kampfruf und einen Siegesruf: „Allahu akbar!" Dies heißt nicht, wie meistens übersetzt wird: „Allah ist groß", sondern „Allah ist größer". Die Frage lautet: „Größer als wer"?

Diese Religion des Islams wurde durch einen Menschen, namens Mohammed, gegründet. Er wurde 570 in Saudi-Arabien, in Mekka geboren. Er war ein für seine Zeit gebildeter Mann. Als Kameltreiber und Karawanenführer kam er viel in der Welt herum und traf mit den verschiedensten Menschen zusammen, also auch mit Juden und Christen, deren Religion ihn faszinierte.

Er hatte eine reiche Witwe geheiratet, die ihn mehr oder weniger auch ausgehalten hat. Deshalb konnte er es sich leisten, immer wieder Auszeiten in der Wüste zu nehmen. Einmal kam er von dort zurück und berichtete, der Erzengel Gabriel sei ihm in einer Höhle erschienen und habe ihm den Koran diktiert.

Das ist merkwürdig, weil der Engel damit dem widerspricht, was er in der Bibel u. a. den Hirten auf dem Felde über Jesus, den Sohn Gottes, bei dessen Geburt offenbart hatte. Außerdem heißt es, dass Mohammed gar nicht schreiben konnte.

### Der Koran

Der Koran enthält so ziemlich alle Personen unserer Bibel, des Alten und des Neuen Testamentes, nur nicht unbedingt chronologisch. Da kommt es vor, dass Abraham sich mit der Mutter Jesu unterhält und ähnliche Sachen. Dazu kommen Elemente der Folklore, der Tradition und der Kultur der damaligen Zeit, sowie ein kräftiger Schuß Okkultismus. Diese Mischung ergibt dann den Koran.

Darin wird interessanterweise gelehrt, dass die Juden das Volk des Buches sind und Gott sich ihnen tatsächlich offenbart hat. Nur haben sie sich leider nach einer gewissen Zeit von Gott abgewandt, haben Gottes Wort verdorben und verdreht, und deswegen wandte sich Gott von ihnen ab und schickte einen neuen Propheten: „Isu", Jesus. Dieser gründete dann eine neue Religion, das Christentum. Auch Christen werden als „Leute der Schriften" angesehen. Leider passierte bei ihnen nach einiger Zeit genau das gleiche. Auch sie haben sich von Gott abgewandt, mit dem Ergebnis, dass Gott sich von ihnen abwandte. Ganz zum Schluß suchte Gott sich dann einen neuen Propheten aus und das war Mohammed. Mohammed ist der letzte Prophet.

Nach ihm kommt keiner mehr. Er ist die absolute Garantie dafür, dass das Wort Gottes in absoluter Reinheit, so, wie es jetzt im Koran steht, bis ans Ende der Zeit erhalten bleibt und niemals verändert wird.

In der Zwischenzeit wurde der Koran allerdings schon einige Male verändert, weil einige Inhalte einfach nicht opportun waren. Eine der fünf Säulen des Islam ist die Hadsch, d. h., dass jeder Moslem einmal im Leben die Pilgerreise nach Mekka, zum schwarzen Stein, der Ka'aba, antreten muss. Mohammed behauptet, Allah habe Abraham an dieser Stelle in Mekka den schwarzen Stein aus dem Himmel herabgereicht, damit alle frommen Moslems dorthin pilgern und ihn anbeten können. Die Wahrheit ist, dass an diesem schwarzen Stein in vorislamischer Zeit 360 verschiedene Götter verehrt wurden. Einer davon war Allah, der Mondgott, der in der Götterhierarchie unter den oberen angesiedelt war.

Im ursprünglichen Koran steht noch, dass Allah zwei Töchter hat, die beide als Göttinnen an der Ka'aba angebetet wurden. Dies wurde in späteren Versionen gestrichen. Wenn heute ein Moslem behauptet, Allah habe Töchter gehabt, dann bekommt ihm das nicht gut. Ein Beispiel dafür ist der Schriftsteller Salman Rushdi, der es vor vielen Jahren wagte, ein Buch über den Koran mit dem Titel „Satanische Verse" zu schreiben. Er wollte Licht in die Finsternis bringen. Seither ist er zum Freiwild erklärt worden. Jeder, der ihn aufspürt, darf ihn umbringen!

Weil sich der Islam bei uns in Europa epidemieartig ausbreitet, müssen wir als Christen und Menschen im Westen unbedingt einige wenige Dinge, die der Koran lehrt, wissen, um entsprechend darauf reagieren und uns verhalten zu können und nicht einfach davon überrannt zu werden.

## Dhimmis

Der Koran lehrt, dass Juden und Christen Dhimmis sind. Dhimmis sind Menschen 2. Klasse, weil sie sich vom „wahren Glauben" abgewandt haben, und es ist die Aufgabe jeden Moslems, mit allen Mitteln zu versuchen, diese Dhimmis wieder zum rechten Glauben zu bringen. Aber selbst, wenn das geschieht, werden Juden und Christen niemals die gleiche Stellung einnehmen, den gleichen Status haben, wie ein reiner Moslem. Das Jüdische Volk und auch die Christen wurden in islamischen Ländern nicht immer verfolgt. Das war auch abhängig vom jeweiligen Kräfteverhältnis. Manchmal war es einfach nicht opportun.

Es war ihnen aber immer verboten, höhere Gebäude als die Moslems zu haben oder sich in irgendeiner Weise über sie zu erheben. Ein Kirchturm durfte z. B. niemals höher als das Minarett einer Moschee sein, oder auf der arabischen Halbinsel durften die Juden keine Reittiere haben, weil sie damit größer oder höher als ein moslemischer Fußgänger waren.

## Haus des Friedens und Haus des Krieges

Jeder Moslem ist verpflichtet, dazu beizutragen, die ganze Welt Allah untertan zu machen, das Territorium für ihn einzunehmen.

Nach dem Koran ist die ganze Welt in 2 Häuser eingeteilt: es gibt das „Haus des Krieges" und das „Haus des Friedens". Alle Länder, deren Herrscher und Einwohner Moslems sind, befinden sich im „Haus des Friedens". Alle Nicht-Moslems sind automatisch im Haus des Krieges und es gilt, sie mit allen Mitteln und durch den „heiligen Krieg" ins „Haus des Friedens" zu bringen. Der Friedensbegriff im Islam bedeutet demzufolge das genaue Gegenteil dessen, was wir im Westen unter Frieden verstehen.Der kleinste gemeinsame Nenner für Frieden bei uns ist die Abwesenheit von Kampfhandlungen, Feindseligkeiten, wenigstens Waffenstillstand, obwohl

Frieden ganz sicherlich sehr viel mehr ist. Nach dem Koran aber muss man Moslem sein, um „Frieden" zu haben! Das ist für uns sehr schwer verständlich, aber wir sollten uns die Mühe machen und versuchen, das und die Konsequenzen daraus zu begreifen.

## Zwei Welten

Stellen wir uns einmal vor, eine moslemische Delegation aus dem Nahen Osten, aus irgendeinem arabischen Land, setzt sich mit einer Abordnung von Israelis an einen Verhandlungstisch. Dabei machen wir uns bewußt, dass das hebräische Wort für Frieden „SHALOM" eine noch tiefere Bedeutung hat. Es birgt z. B. 25 verschiedene Attribute oder Charaktereigenschaften in sich, die zu studieren, es sich lohnt. Jetzt redet also der Israeli von Frieden mit der Bereitschaft, dafür einen Vertrag zu unterschreiben. Der Moslem redet ebenfalls von Frieden und sie unterschreiben beide den Vertrag. Der Moslem kann, ohne zu lügen, den Vertrag unterschreiben und meint dabei genau das Gegenteil von dem, was der Israeli sich darunter vorstellt! Verstehen wir, was hier passiert?! Das aber ist die Praxis.

Der Moslem denkt, der Israeli müsse jetzt islamisch und Israel ein moslemisches Land werden. Hinzu kommt, ein Moslem kann mit einem Dhimmi so viele Verträge unterschreiben, wie er will.

Der Vertrag ist das Papier nicht wert, auf dem er geschrieben ist. Er kann mit einem Dhimmi jeden Vertrag brechen, weil er ja nur ein „Dhimmi" ist.

Ein Moslem muss nicht nur helfen, die ganze Welt ins „Haus des Friedens" zu bringen, sondern es ist auch seine Pflicht, dafür zu sorgen, dass unter allen Umständen alle Gebiete, die jemals islamisch waren, wieder islamisch werden.

## Einst islamisches Land muß zurückerobert werden

Israel war von 638 bis zum Jahre 1917 unter islamischer Herrschaft. Es gab eine kurze Pause dazwischen, vom Jahr 1099 bis 1187, als die christlichen Kreuzritter kamen und alles umbrachten, was sich ihnen in den Weg stellte, Juden und Moslems gleichermaßen.

In diesen knapp 100 Jahren gelang es ihnen hervorragend, mit unvorstellbarer Brutalität und religiösem Eifer, Jerusalem absolut judenrein zu machen. Aber ansonsten war Israel von 638 bis 1917 immer unter islamischer Herrschaft. Deswegen kann und darf kein Moslem akzeptieren, dass Israel heute nicht moslemisch ist. Es kann nicht sein und es darf nicht sein und es müssen absolut alle Mittel eingesetzt werden, um Israel in das moslemische „Haus des Friedens" zurück zu bringen. Jeder einzelne Moslem ist dazu aufgerufen. Dies gilt allerdings nicht nur für Israel. Der Islam war auch schon ziemlich tief nach Europa eingedrungen. Im Jahre 732 waren Moslems bereits nach Frankreich vorgedrungen, wurden dann aber in der Schlacht von Tour und Poitier von Karl Martell zurückgeschlagen. 1492 wurden sie aus Spanien verjagt und im späten 17. Jahrhundert erlitten sie eine Niederlage vor Wien.

All diese Gebiete in Europa waren schon einmal islamisch. Und von der ehemaligen Sowjetunion waren 8 Republiken islamisch. Die hatten den Kommunismus nie wirklich angenommen und auch nie wirklich praktiziert und der so starke Kommunismus konnte nichts dagegen unternehmen.

Dies wird z. B. deutlich bei dem grausamen Konflikt in Tschetschenien. Die Moslems dort müssen alle diese Länder wieder für den Islam zurückerobern und beherrschen.

## Heiliger Krieg in Europa

1980 gab es in London eine Moschee. Heute gibt es mehr Moscheen als Kirchen und in Deutschland und in ganz Europa ist es ähnlich. Der heilige Krieg ist die beste Waffe, ein Land einzunehmen. Der heilige Krieg ist nicht nur ein Krieg mit Schwertern und Kanonen, sondern wird auf allen Ebenen ausgeführt, z. B. auch auf der Ebene von Beziehungen. Es kommen viele Muslime nach Europa und heiraten ganz gezielt christliche Frauen. Diese Frauen können so oft und so lange sie wollen beteuern, sie seien Christen. Das nützt ihnen leider gar nichts. Im Augenblick ihrer Verheiratung werden sie Moslems und ganz selbstverständlich sind auch alle ihre Kinder moslemisch.

## Moslems im Westen auf dem Vormarsch

Die Moslems sind im Moment sehr erfolgreich darin, bei uns alle gesellschaftsrelevanten Gruppen zu unterwandern. Im Jahr 2006 zog z. B. im Amerikanischen Kongress der erste Moslem ein und erregte sofort Aufsehen, weil er darauf bestand, gegen die Verfassung der USA, nicht auf die Bibel, sondern auf den Koran zu schwören. Ab sofort sollte danach eingeführt werden, nicht mehr nur auf die Bibel, sondern auch auf den Koran schwören zu dürfen. In der zweiten Januarwoche 2007 wurde zum erstenmal für die USA ein Moslem, Zalmay Khalilzad, als amerikanischer Botschafter in die UNO entsandt und der ehemalige israelische Verteidigungsminister Peretz hat im selben Jahr, den ersten israelischen Araber, Raleb Majadleh, als Minister für Wissenschaft und Sport ins Kabinett berufen.

## Deutschland – bald ein muslimisch dominiertes Land?

Am 15. Januar 2007 meldet Arutz Sheva, dass im Jahr 2046 deutsche Muslime die Mehrheit der Bevölkerung in Deutschland stellen werden. Dies gehe aus einer Studie des Zentralinstituts der Islam-Archive hervor, die vom deutschen Innenministerium finanziert wurde. Von Jahresmitte 2004 bis Jahresmitte 2005 sollen sich 4000 Deutsche zum Islam bekehrt haben.

Zusammen mit einer steigenden Zuwanderung von Muslimen ins Land, werden sie in weniger als 4 Jahrzehnten die Mehrheit stellen. Dies ist erschütternd und ernüchternd! Sie sitzen schon in der Politik, in der Polizei, in unseren Parteien, sie sitzen in den Aufsichtsräten und sowieso in der Wirtschaft und beherrschen zu großen Teilen die Finanzen. So ist z. B. mehr als 50% von Mercedes in arabisch/moslemischer Hand, ebenso wie ein Großteil unserer Medien und Zeitungen. Sie sind mächtig, sehr mächtig und auf der Vorhut!

Die Lehre und die Mentalität im Islam sind, dass wenn du als Moslem schwach bist, das kein Grund zur Besorgnis ist. Sitz es als einzelner oder als ganzes Land aus, egal wie lange es dauert. Irgendwann kommt die Zeit, wo sich das ändern wird. Du wirst an Kraft gewinnen, du wirst mehr Kraft bekommen, du wirst noch mehr Kraft bekommen und dann wirst du wissen, wann der rechte Zeitpunkt kommt. Dann stehe auf, sei stark, kämpfe und nimm, was dir sowieso gehört und zusteht. Jetzt kannst du dir alles unterwerfen – wenn die richtige Zeit gekommen ist.

### Der schlafende Riese erwacht

Anfang des 20. Jahrhunderts hat sich das Blatt für die Moslems gewendet. Der Islam war über viele Jahrhunderte ein schlafender Riese, der sich nicht muckte. Dann wurde in Saudi-Arabien, in Kuwait, im Jemen, im Irak Öl gefunden. Plötzlich entdeckten diese moslemischen Länder, dass sie für den hochentwickelten Westen wichtig wurden. Damit einher ging wachsender Reichtum. Die Öldollars hinterließen ihre Spur. Im Moment gibt es 2 Güter, nach denen die gesamte Welt lechzt: Öl und Geld. Gott hat den Nachkommen von Ischmael verheißen, dass sie viele Länder, Reichtum und Gaben besitzen würden. Diese Verheißung erfüllt sich in dieser Endzeit noch einmal in besonderer Weise. Ihr Einfluss ist jetzt global. Sie sind auf dem Vormarsch und es ist ihr gemeinsames Ziel, die „Ungläubigen": Juden und Christen – den verhassten Westen – zu unterwerfen und nieder zu machen.

### Haben wir etwas entgegen zu setzen?

Leider ist das todernst. Wir sind in absoluter Lebensgefahr, weil die meisten von uns dem tatsächlich nichts entgegen zu setzen haben. Werfen wir doch einen Blick in unsere Kirchen. Wie viele Leute sitzen in diesen wunderbaren prachtvollen Kirchengebäuden, die einst zur Ehre Gottes gebaut wurden? Und die wenigen, die dort sitzen, können die dem Islam etwas entgegensetzen, können sie seinen Vormarsch bei uns aufhalten? Könnt ihr das? Könnt ihr? Können wir? Seid ihr, sind wir stark genug?

Wir haben gehört und erleben es, dass Finsternis unsere Erde bedeckt und die Zeiten böse sind, obwohl die meisten Menschen das noch gar nicht begriffen haben. Der Islam hat sich aufgemacht, uns einzukassieren. Für die Frauen bedeutet das u. a. Verschleierung, keinen Beruf, nicht ohne Begleitung außer Haus gehen und es gibt einen, der bei jedem Schritt sagt, was man darf und was nicht. Wer sich wehrt und dagegen aufsteht, wird umgebracht. Sie wollen Europa für sich und vieles weist darauf hin, dass sie diesem Ziel schon sehr nahe gekommen sind. Wir Christen feiern weiterhin, sowohl in der Landeskirche als in den Freikirchen, unsere netten Gottesdienste, singen Hallelujah und unsere größten Sorgen sind oft, wie die Wand gestrichen werden soll, welche Vortragsreihen wir anbieten und ob ein Gemeindemitglied außerhalb der Gemeinde etwas tun darf oder nicht.

### Allein JESUS ist unsere Hoffnung

Wenn wir jetzt nicht die Zeichen der Zeit erkennen, wenn wir jetzt nicht aufwachen, dann haben wir keine Zeit mehr.
In Eph. 5, 13b heißt es:

> *„Wach auf, der du schläfst, steh auf von den Toten, dann wird Christus dich erleuchten."*

Wir brauchen diese Erleuchtung ganz dringend – und nicht nur in unserem Verstand, sondern in unserem Geist, dass wir lebendig werden und furchtlos handeln. Nur Jesus, ganz allein Jesus, ist unsere lebendige Hoffnung! Aber Er ist es, Er ist die Hoffnung, und in Ihm und mit Ihm können wir aufstehen. Mit Ihm, unserem Gott, können wir über Mauern springen!

### Gott hat Seine Krieger

Aber wenn wir aufstehen, dürfen wir nicht stehen bleiben, dann müssen wir auch marschieren, als Teil Seiner Kampftruppe. Es ist wichtig, dass wir mit all den anderen Berufenen zusammenkommen und gemeinsam Seinem Schlachtruf folgen. Als Einzelne und Versprengte, die ein angstvolles „oh, lieber Herr Jesus, hilf uns jetzt" stammeln, haben wir keine große Chance! Das hilft uns nicht und Er hilft uns dann auch nicht, denn Er hat uns für diesen Fall Waffen gegeben, Waffen des Lichts, die wir einsetzen müssen. Natürlich ist es lebensnotwendig zu wissen, wie wir mit diesen Waffen umgehen und sie gebrauchen und dies sollten wir eigentlich in unseren Gemeinden lernen. Laßt uns beten und dafür eintreten, dass auch unsere Gemeinden den Weckruf hören und ihn befolgen. Ich bin Gott so dankbar, dass Er viele Wege hat, Sein Volk vor- und zuzubereiten, alle die, die die Notwendigkeit dafür sehen und das wollen! Es gibt Hoffnung für uns, denn Gott hat Seine Krieger! Er hat sie überall! Es ist einfach wichtig, dass Er sie sammelt und wir uns sammeln lassen. Wir müssen erkennen, was die Stunde geschlagen hat und heraustreten aus unseren kleinkarierten Begrenzungen und Streitereien, wer zu wem gehört und wer was darf. – Wir gehören Ihm und in Ihm müssen wir zusammenkommen und zwar genau an dem Ort, wo Er jeden von uns hinführt. Es werden viele verschiedene Orte sein, aber wir müssen aufwachen, wir müssen aufstehen und wir müssen sehen, dass wir und Israel in Todesgefahr sind und Israel mehr und unmittelbarer als irgendwer sonst.

## Krieg gegen Israel

Die Hisbollah rüstet auf zum nächsten Krieg gegen Israel, die Hamas im Süden rüstet auf zum Krieg gegen Israel, Iran rüstet auf zum Krieg gegen Israel, Syrien rüstet auf zum Krieg gegen Israel. Und alle Experten und Strategen in Israel und der westlichen Welt erwarten den Ausbruch eines neuen Krieges.

Auch der Busenfreund unseres letzten Bundeskanzlers, der russische Ministerpräsident Putin, der nicht bereit ist, seine Macht auf – oder abzugeben, kommt nun wieder ins Spiel. Auch wenn der neue Präsident Medwedjew heißt, ist er doch weiterhin Herr über das befreite Rußland, von dem man sich gar nicht mehr vorstellen wollte, dass man mit ihnen irgendwelche Zwistigkeiten haben könnte. Herr Putin ist außerdem ein ganz guter Freund von Herrn Achmedinedschad und von Herrn Assad in Syrien und es liegt an seinem Veto, dass die internationale Gemeinschaft nicht gegen den Iran vorgehen kann, obwohl auch er jetzt Sanktionen gegen den Iran zugestimmt hat, von denen sich der iranische Präsident aber nicht im Geringsten beeindrucken läßt. Und was machen wir – wir, hier im Westen? Wir sagen, „Israel ist schuld, Israel soll endlich aufhören." Der Ausbruch eines neuen Krieges wird auf die ganze Welt Auswirkungen haben, auch auf uns! Wenn wir jetzt nicht aufwachen, werden wir völlig unvorbereitet davon überrascht. Aber wir haben Waffen von Gott, dagegen aufzustehen. Wir haben die stärksten Waffen und die sind geistlicher Natur. Menschliche Waffen können nichts mehr ausrichten.

## In Seiner Gegenwart

Israel ist der Zeiger Gottes an der Weltenuhr, und ich weiß nicht wie kurz vor 12.00 Uhr es wirklich schon ist. Wachen wir doch auf, stehen wir von den Toten auf. Wir sind aufgerufen zu verstehen, was der Wille des Herrn ist. Wir sind aufgerufen die Waffenrüstung des Lichts anzulegen. Wir sind aufgerufen, die Zeichen der Zeit zu erkennen, wie die Söhne Issachars.

Wenn wir sie nicht erkennen, wer soll sie dann erkennen. Wir sind als Wegweiser, als Richtungsweiser in diese Welt gestellt, damit die Menschen, die „das Licht der Welt – Jesus" noch nicht haben, durch uns wissen können, was kommt und wohin es geht.

Es muss uns ganz klar und deutlich sein, dass das, womit wir uns füttern, in uns ist. Wir sind davon angefüllt und das kommt aus uns heraus. Wenn wir uns mit der Welt füttern, dann kommt die Welt aus uns heraus, dann können wir nicht anders reden als die Welt. Dann haben wir Angst wie die Welt und vertreten die Ansichten der Welt, über die der Fürst dieser Welt herrscht, d. h., wir vertreten dessen Ansichten.

Die einzige Medikation dagegen ist das Wort Gottes. Wir müssen uns mehr denn je mit Seinem Wort, Seiner Gegenwart füllen. Dann haben wir etwas zu sagen, dann haben wir etwas zu geben.

Das ist unsere einzige Chance. Sein Wort sagt, dass wir im Anschauen Seines Bildes in Sein Bild verwandelt werden. Und jemand anderes sagte einmal, wir werden so, wie das, was wir anbeten. Und das stimmt. Man kann sehen, wen oder was Leute anbeten. Durch Gottes Wort geschieht Wiederherstellung für uns und Israel. Er baut Sein Friedensreich auf. Nur Er allein kann Frieden bringen, denn Er ist unser FRIEDE!

## Gott liebt Moslems

Am Ende dieses Kapitels ist es mir ein Anliegen, deutlich zu sagen, dass der Islam eine antigöttliche Religion ist, die unterwirft und versklavt. Deshalb müssen wir diese Religion von den Menschen getrennt sehen, die von ihr gefangen und unterdrückt sind. Moslems brauchen dringend Erlösung und Freisetzung und wir sind als Christen aufgerufen, dafür zu beten. Gott liebt sie. Jesus ist für sie gestorben und in ihm finden auch sie Frieden!

Wenn Moslems sich bekehren, ist das die größte Demütigung für den Islam. Dies geschieht zunehmend besonders unter Moslems in Israel. Auch wir können und sollen sie eifersüchtig machen. Sie sind vor unserer Haustür.

Teil V
# Israels Wiederherstellung aus prophetischer und historischer Sicht

Israel wird 60 Jahre alt. Nach dem jüdischen Kalender fällt der Geburtstag auf den 8. Mai 2008.

Für uns Deutsche ist dieses Datum Erinnerung an den Tag der Kapitulation oder das Ende des letzten Weltkriegs. Deshalb ist die Verbindung der beiden Ereignisse eine Analogie, die für uns sicherlich nicht unbedeutend ist und uns einlädt, diese Sache vor unserem Gott zu bewegen.

Nach unserem Kalender wurde Israel am 14. Mai 1948 „wiedergeboren" und befand sich als „Restvolk" am absoluten Tiefpunkt.

## Ein Volk ohne Hoffnung

Das ist in Hesekiel 37 beschrieben: Wir befinden uns im Tal der toten Knochen. Gott selbst hatte Hesekiel dorthin geführt und er sieht einen riesigen Berg von lauter toten Knochen.

Erst in unserer Zeit können wir diese Vision deuten: Er sah die Knochen der Juden, die zu großen Teilen „im Namen des HERRN" umgebracht wurden, nicht erst im letzten Jahrhundert, sondern seit es Juden und besonders seit es Christen gibt.

Der Gipfel wurde allerdings mit den 6 Millionen Juden erreicht, die durch einen Antichrist namens Hitler, in unserem Land, durch unser Volk umkamen – 6 Millionen Juden! Wir haben gar keine Vorstellung, was das wirklich bedeutet und möglicherweise waren es noch viel mehr. Jedenfalls sieht Hesekiel detailliert in diese Zeit hinein. Vers 11:

> *„Dann sagte der Herr zu mir: Du Mensch, das Volk Israel gleicht diesen Knochen. Sie sagen: Unsere Lebenskraft ist geschwunden, unsere Hoffnung dahin; wir haben keine Zukunft mehr!"*

Genau das war die Situation nach dem Holocaust, in der sich die Überlebenden wiederfanden. Sie sind in einer solchen Tiefe und Finsternis, dass es für sie keine Zukunft mehr gibt. Sie haben es erkannt und sie sprechen es aus. Aber dann sieht Hesekiel auch, wie sich durch Gottes Wille, Sein Wort und Seinen Geist, die Szene völlig verändert:

## Gott spricht Leben

Verse 12-14:

> *„Deshalb lasse ich ihnen sagen: Ich, der Herr, öffne eure Gräber und hole euch, mein Volk, heraus; ich führe euch heim ins Land Israel. So werdet ihr erfahren, daß ich der Herr bin. Ich hauche euch meinen Geist ein, damit ihr wieder lebt, und bringe euch in euer Land zurück. Dann werdet ihr erkennen, daß ich der Herr bin. Was ich gesagt habe, führe ich auch aus, ich, der Herr."*

Diese Aussage muss uns zum Jubeln bringen. Gott sagt: „Aber jetzt komme Ich, ihr Gott, wieder ins Spiel.

Ich hole sie heraus und Ich bringe sie nach Hause und Ich mache sie wieder zu einem Volk und Ich bringe sie genau in das Land, das ihnen sowieso gehört. Und dann werden sie erkennen und daran werden sie erkennen, dass Ich ihr HERR bin."

Hallelujah!

Dieses Wort hat begonnen, sich wunderbar zu erfüllen. Ein großer Teil des Volkes ist bereits zurückgekehrt, aber im Moment tobt dort ein geistlicher Kampf, der sich mehr und mehr im Sichtbaren manifestiert.

Der Erzfeind Israels will mit allen Mitteln verhindern, dass die geistliche Wiedergeburt stattfindet, dass das Leben und der Geist Gottes neu in Seinem Volk pulsieren, sie Ihn und Seinen Messias erkennen, umkehren und gerettet werden und ihren Gott preisen in einem ewigen ungeteilten Jerusalem, das Jeschua sich zum Thron erwählt hat.

Aber Gott hat es verheißen und hinzugefügt: *„Was ich gesagt habe, führe ich auch aus. Ich, der HERR sage es."* Deshalb können wir 100 % davon ausgehen, dass es geschehen wird und zwar in naher Zukunft.

Das ist die GUTE BOTSCHAFT! Mit der Erkenntnis, dass ihr Gott sie zurückgebracht und ihnen das Land wiedergegeben hat, hapert es allerdings bei vielen in Israel noch ziemlich heftig und vor allen Dingen wird Israel im Moment von einer Regierung angeführt, die davon überhaupt nichts wissen will. Dennoch befinden wir uns mitten in der Geschichte, in diesen Geschehnissen aus Hesekiel 37.

## Weil die Zeit gekommen war

Dazwischen liegen ca. zweieinhalb Tausend Jahre Geschichte. Das Volk Israel ist am Ende des 19. Jahrhunderts über die ganze Erde zerstreut.

Dann gibt es plötzlich einen Aufbruch unter den Juden Rußlands, allerdings nicht freiwillig. Dort finden unter dem alten Motto: „Die Juden sind schuld!" furchtbare Progrome statt.

Sie werden in Massen umgebracht. Das ist leider nichts Neues. Immer mehr von ihnen machen sich am Ende des 19. Jahrhunderts, in einer ersten Welle auf und denken, warum sollen wir hier sterben, es gibt doch das Heilige Land, das in der Zwischenzeit „Palästina" heißt. Was sie dort vorfinden ist ernüchternd, ja, erschreckend: Einige Schriftsteller beschreiben es als eine wüste Wüste, ein ödes Land, ohne Baum und Strauch und malariaverseuchte Sümpfe.

Dennoch bleiben sie da und beginnen, die Sümpfe trockenzulegen und das dürre Land zu bebauen, denn es war der Heilige Geist, der sie bewegte, weil „die Zeit gekomen war". Zu jener Zeit wurde außerhalb „Palästinas" der Zionismus geboren.

## Zionismus[1]

„Der Zionismus (von Zion) ist die Bezeichnung für eine während der zweiten Hälfte des 19. Jahrhunderts entstandene jüdische National-Bewegung, die sich für die Wiedererrichtung eines eigenen jüdischen Staates in Palästina einsetzte. Der jüdische Journalist Nathan Birnbaum aus Wien prägte den Begriff 1890.

Der moderne Zionismus entstand unter den Juden in der europäischen Diaspora. Er sieht sich selbst als die zeitgemäße Form des Jahrtausendealten jüdischen Traums von Freiheit und einem eigenen Staat im Land Israel, das allen Juden gemeinsam gehören und gerecht verteilt sein sollte. Diese Idee gab es in der jüdischen Gemeinschaft schon, seit das römische Reich den Zweiten Tempel im Jahre 70 zerstörte. Ihre Ursprünge gehen bis auf die Anfänge des Volkes Israel in der Bibel zurück (vgl. Gen. 12, 3)."

## Eine göttliche Offenbarung

Einer der Gründungsväter des Zionismus war Theodor Herzl. 1897 fand der erste ZionistenKongress in Basel statt, nachdem aus einem total angepaßten, assimilierten österreichisch-ungarischen Juden ein Zionist geworden war, weil er mit ansehen musste, wie ein franzö-

---

[1] aus Wikipedia, der freien Enzyklopädie

sisch-jüdischer Offizier verleumdet, diffamiert und verurteilt wurde und man ihm alle Ehrenrechte absprach, nur aus dem einen einzigen Grund, weil er ein Jude war. Das stellt sein Leben vollkommen auf den Kopf und er erkennt: Es ist auf Dauer nicht möglich, dass sich die Juden assimilieren. Das war eine göttliche Offenbarung.

### Aus- und abgesondert für Gott

Tatsache ist, sie können den Versuch unternehmen, so oft und so lange sie wollen, es wird nichts helfen.

Selbst wenn sie die besten Soldaten, die besten Wissenschaftler, die besten Künstler, die besten Schriftsteller, die besten ... sind, wird es ihnen nicht gelingen, weil Gott es so verfügt hat! (siehe 4. Mose, 23, 9).

Sie sollen und dürfen nicht unter den anderen Völkern leben, sie werden immer wieder ausgestoßen, sie werden immer wieder ausgespuckt, wie sehr sie sich auch Mühe geben, weil sie das Volk Seines Eigentums sind, aus- und abgesondert für Gott.

Dass Assimilation möglich sei, war eine der größten Lügen, die Satan erfolgreich ins jüdische Volk hineingepflanzt hat. Herzl jedenfalls hatte das jetzt begriffen und es war sein Herzensanliegen, die anderen Juden von dieser Wahrheit zu überzeugen.

### Heute habe ich den „Judenstaat gegründet"

Er pilgerte von einem Königshof zum anderen, um allen europäischen Herrschern und Königen nahe zu bringen, dass die Juden ein eigenes Land brauchen.

Es hatte ihn zermürbt und schließlich zerbrochen, weil er überall auf Ablehnung und Unverständnis gestoßen war. Besonders die Angehörigen seines eigenen Volkes verstanden ihn nicht und dachten, er sei übergeschnappt. Als dann aber 1897, in Basel, dieser 1. Zionisten-Kongress stattfand, schrieb er in sein Tagebuch: „Heute habe ich den Judenstaat gegründet, spätestens in 50 Jahren werdet ihr ihn sehen".

Und fast auf den Tag 50 Jahre später, wurde in der UNO über einen jüdischen Staat abgestimmt. Herzl selbst hat es leider nicht mehr erlebt. In den Büchern: „Der Judenstaat" und „Wenn ihr wollt, ist es kein Märchen" brachte er leidenschaftlich zu Papier, was ihn bewegte. Man hatte ihm für seinen Judenstaat zwischenzeitlich Uganda und alle möglichen anderen Länder vorgeschlagen, aber er sagte nein, Israel ist Israel.

## Die Balfour-Erklärung

Im Jahr 1917 wird von dem britischen Lord Balfour die für Israel alles entscheidende Erklärung, nämlich die „Balfour-Erklärung" abgegeben.

Großbritannien war damals eine Großmacht, die herrschende Großmacht, und es war abzusehen, dass sie das Mandat über Palästina bekommen würde. In dieser Balfour-Erklärung heißt es: „... Mit Wohlwollen betrachten wir, unsere Majestät, der König von England, die Errichtung einer nationalen Heimstätte des jüdischen Volkes in Palästina ..."

Wie wir auf der Karte sehen können, hat das Palästina, von dem wir gerade reden, nicht im geringsten irgendeine Ähnlichkeit mit dem, was wir heute als Israel kennen. Aber dieses Gebiet wurde 1917 dem jüdischen Volk als jüdische Heimstätte, als Land, als Staat, von den Engländern zugesagt.

Palästina im Jahre 1917

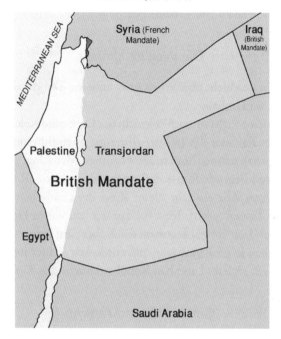

### Bestätigung auf der Versailler Friedenskonferenz

Der 1. Weltkrieg geht zu Ende. In Paris findet 1919 die Versailler Friedenskonferenz statt, auf der besonders der amerikanische Präsident Wilson für die Selbstbestimmung aller Völker eintritt und alle Völker, die damals am Tisch saßen, unterschrieben diese Forderung.

Für das jüdische Volk saß die Jewish Agency als Verhandlungspartner am Tisch. Den Arabern wurde ein riesiger Araberstaat, vom Irak bis nach Jemen zugesprochen, ausschließlich Palästinas, und die Juden dürfen Palästina beanspruchen. Darüber sind sich Araber und Juden einig!

1922 ratifiziert der Völkerbund das britische Mandat über Palästina mit dem Ziel, darin eine Heimstätte für das jüdische Volk zu bauen und es als solche an Israel abzugeben.

## Die Welt im Umbau

Statt dessen geschieht aber etwas ganz anderes. Die ganze Welt befindet sich im Umbau.

Großbritannien ist zu jener Zeit nicht nur Groß- und Kolonialmacht, sondern im Zeitalter der Industrialisierung auch führende, aufsteigende Industrienation. Maschinen beginnen Menschen zu ersetzen und der grundlegende Rohstoff für Maschinen ist das Rohöl.

Zur selben Zeit erwacht dieser Riese der arabischen Nationen von einem langen Schlaf. Man hat auf der arabischen Halbinsel Öl gefunden und auf einmal kommen die Araber zum Leben und stellen fest, sie haben in großem Maße und entdecken immer mehr davon, was kaum ein anderes Land hat: Rohöl – das schwarze Gold!

## Gottes Plan und Absicht

Hier kommt eine Prophetie aus 1. Mose, Kapitel 17, 18 – 21, zur Erfüllung, in der Gott in einer dramatischen Situation Abraham die Geburt des Isaak zusagt und Abraham das ablehnt, zu einem Zeitpunkt, als Isaak weder gewollt, noch erwartet, noch gezeugt, noch geboren war:

*„Und Abraham sprach zu Gott: Ach, daß Ismael möchte leben bleiben vor dir! Da sprach Gott: Nein, Sara, deine Frau, wird dir einen Sohn gebären, den sollst du Isaak nennen, und mit ihm will ich meinen ewigen Bund aufrichten und mit seinem Geschlecht nach ihm. Und für Ismael habe ich dich auch erhört. Siehe, ich habe ihn gesegnet und will ihn fruchtbar machen und über alle Maßen mehren. Zwölf Fürsten wird er zeugen, und ich will ihn zum großen Volk machen. Aber mei-*

*nen Bund will ich aufrichten mit Isaak, den dir Sara gebären soll um diese Zeit im nächsten Jahr."*

Diese Aussage erschüttert Abraham in seinem Innersten! Wieso soll er denn noch einen Sohn von der unfruchtbaren Sara bekommen? Er hatte doch dieses Problem bereits selbst gelöst. Er ist der Vater von Ishmael und er liebt diesen Sohn.

Nach Isaaks Geburt fordert Sara Abraham auf, Ishmael wegzuschicken und seine Antwort ist: „Niemals, er ist mein Sohn!"...Jetzt wurde es nötig, dass Gott selbst sich einmischt und Abraham gebietet:

*„Gehorche deiner Frau Sarah, schicke ihn weg, denn dein Sohn Isaak, der Sohn der Freien, soll der Erbe des Bundes werden."*

Aber dann fährt Gott fort:

*„Aber um Ishmaels willen will ich dich auch erhören, ich will ihn gewaltig segnen, ich will ihm viele Länder geben, ich will ihn sehr reich machen."*

Reich machen und sehr segnen, das ist das Stichwort, das ist die Erfüllung. In den Ländern der Nachkommen Ishmaels wurde Öl, das schwarze Gold, gefunden, das Gott in diese Länder hineingelegt hat, um die Nachkommen Ishmaels zu segnen. Es geschieht interessanterweise zu einem Zeitpunkt, wo Israel als Land und als Nation wieder ein Thema wird.

### Die erste Teilung Palästinas

In Saudi-Arabien herrscht ein Hashemiten-Scheich. Er hat viele Söhne und nicht genügend Land für sie alle. Im 1. Weltkrieg kämpften Araber und Ägypter mit den Engländern Seite an Seite gegen die Türken. Schon aus diesem Grund waren sie „freundschaftlich" miteinander verbunden. Hinzu kam, dass Großbritannien in Saudi-Arabien politische und für ihre Industrie wirtschaftliche Vorteile witterte.

So kommen sie mit den Arabern zusammen und bieten ihnen Land an. Ohne Skrupel teilen sie 1922 das den Juden zugesagte Palästina. 76% davon werden jenseits des Jordan ein neuer arabischer Staat, das Emirat Transjordanien. 24% bleiben jetzt noch westlich des Jordan als „Restpalästina" übrig.

Alle Juden, die in der Zwischenzeit auf der anderen Seite wohnten, mussten auf der Stelle und sofort das Land verlassen, während im restlichen Palästina sehr wohl Araber und Juden weiter zusammen wohnen konnten. Von dieser Teilung spricht heute kaum noch jemand, auch nicht von dem Verrat der Engländer.

1922 wurde ein neuer arabischer Staat geschaffen, den es vorher nicht gegeben hat, das Emirat Transjordanien, das 1946 ganz unabhängig und Königreich Jordanien wird.

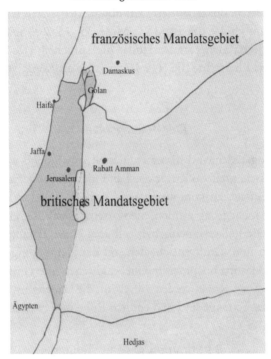

Die Teilung Palästinas 1922

## Blutige Auseinandersetzungen

Im verbliebenen kleineren Palästina, kommt es zu Auseinandersetzungen zwischen den Arabern und den Juden. Es kommen immer mehr Juden ins Land und überall, wo sie siedeln, wird es grün. Das ärgert die Araber. Sie wollen haben, was die Juden haben. Hass wird durch Hetze seitens der Engländer und opportuner Araber gegen die Juden geschürt.

Die Auseinandersetzungen häufen sich und 1929 und danach noch einmal 1936, kommt es zu blutigen furchtbaren Massakern in Hebron. Als Folge evakuieren die Engländer 1936 alle Juden aus

Hebron und verbieten ihnen, sich dort anzusiedeln, obwohl diese Stadt der älteste dokumentierte Landbesitz der Israelis ist. Abraham kaufte das Land (1. Mose 23, 16-20)! Später wurde es unter Josua dem Stamm Juda zugesprochen (Jos. 15, 13). König David herrschte die ersten 7 ½ Jahre als König von Juda in Hebron.

### Der Teilungsplan

Für die Engländer wird dieser Landesteil zunehmend unregierbar. In der Zwischenzeit wollen sie das Land nicht mehr verwalten, weil es ihnen einfach zu kompliziert wird und sie mit den Problemen dort nicht mehr fertig werden. Sie warten deshalb mit einer neuen Idee auf: Die Völkergemeinschaft soll über einen Teilungsvorschlag abstimmen und damit entscheiden, ob der kleine übriggebliebene Rest von Palästina nochmals in einen jüdischen und einen weiteren arabischen Staat geteilt werden soll, damit die beiden durch Grenzen voneinander getrennt sind und endlich Ruhe und Frieden einkehrt.

### 33 Stimmen für eine Teilung

Am 27. Nov. 1947, kam es dann in der UNO, als Nachfolgeorganisation des Völkerbundes, zu der Abstimmung darüber, ob es einen jüdischen Staat geben soll oder nicht. Dafür war eine 2/3 Mehrheit nötig. Zu der Zeit hatte die UNO 57 Mitgliedsstaaten, von denen 56 anwesend waren. Bei der Abstimmung stimmten 33 für einen jüdischen Staat, 13 stimmten dagegen. Griechenland war dabei das einzige europäische Land, das gegen einen jüdischen Staat stimmte. Es gab 10 Enthaltungen, unter diesen war Großbritannien. Diese Abstimmungsergebnisse sind aufschlußreich. Für eine 2/3 Mehrheit hätten die Juden 31 Stimmen gebraucht; sie erhielten 33 Stimmen. In dieser Nacht, am 17. Kislev, das ist nach unserem Kalender der 27. Nov. 1947, tanzten die Juden auf den Straßen – aber nur eine Nacht.

## Die Bibel ist unser geistlicher Kompaß

Nun müssen wir uns mit Dingen konfrontieren, die nicht schön, aber Realität sind. Es ist wichtig, dass wir über aktuelle Geschehnisse informiert sind, damit wir uns darauf einstellen und vorbereiten können. Nur wenn wir wissen, was um uns, in der Welt und vor allem in Israel vor sich geht, sind wir in der Lage, die Zeichen der Zeit zu erkennen. Danach sollten wir streben und uns vom Heiligen Geist und durch das Wort der Schrift aufschließen lassen, wo wir uns auf Gottes Kalender befinden, und uns von Ihm zeigen lassen, was wir tun und anderen raten sollen!

Alles, was geschieht, müssen wir an der Schrift prüfen und einordnen. Die Bibel ist unser geistlicher Kompaß. Kein Ereignis sollte uns aus der Bahn werfen, weil Er uns in Seinem Wort auf alles vorbereitet.

*„Es sollen auch Berge weichen und Hügel hinfallen, aber meine Gnade soll nicht von dir weichen, und der Bund meines Friedens soll nicht hinfallen, spricht der HERR, dein Erbarmer."*
*Jes. 54, 10*

Das ist Seine Zusage an Israel und uns, was auch immer passiert.

## Am Ende steht Sein Sieg!

Die Ereignisse, die jetzt schon geschehen und die auf uns zukommen, sind in Seinem Wort vorhergesagt, damit wir wissen können, was passiert und auf uns zukommt. Selbst wenn die Lage zeitweise aussichtslos erscheint, müssen wir nicht in Panik verfallen und uns von den Umständen gefangennehmen lassen.

Wir haben Ihn und Sein Wort, Seine Hilfe und Seine Lösung und wissen aus Seinem Wort, dass Er Gedanken des Heils und des Segens und des Friedens über Israel und uns hat und nicht des

Leides. Zeiten wie diese, fordern uns heraus, uns mit allem, was wir sind, auf Sein Wort zu stellen und Glauben zu üben! Diese Zeiten sind unsere Chance! Laßt sie uns nutzen! Alle Geschehnisse müssen wir auf der Grundlage Seines Wortes, das die Wahrheit ist, prüfen, und Sein Wort sagt:

Jesus ist Sieger und es ist vollbracht! Am Ende aller Phasen, die Israel und auch wir und die Welt durchleben und noch durchleben müssen, wird Sein Sieg stehen.

### Die UNO-Entscheidung

Wir gehen jetzt noch einmal zur UNO-Abstimmung am 27. Nov. 1947 zurück, in der entschieden wurde, dass es einen jüdischen Staat Israel geben wird. Dabei müssen wir uns aber bewußt machen: Das Land Israel ist dem Volk Israel von dem GOTT Israels und nicht von der UNO gegeben worden. Gott hat sich lediglich dieser Organisation bedient, um Seinen Willen in Existenz zu bringen.
Was aber steckt noch hinter dieser UNO-Entscheidung? Es ist wichtig, dass wir dazu einige Hintergrundinformationen verstehen. Weil Großbritannien die Nase von ihrem Mandatsgebiet und dessen Bewohnern gestrichen voll hatte und sie nicht mehr weiter wussten, nicht wussten, wie sie das Problem mit den Juden los werden könnten, reichten sie die Entscheidung über ihr weiteres Schicksal einfach an die Völkergemeinschaft weiter. Die Völker dieser Erde sollten über das Schicksal dieser Juden entscheiden.

### Überlegungen

Was war der Hintergedanke? – Wir bringen die Sache endgültig hinter uns. Niemand will die Juden wirklich haben; wir geben den Juden eine Chance; niemand kann wirklich darauf Einfluss nehmen; wir werden darüber abstimmen lassen und es gibt zwei Möglichkeiten: Entweder stimmt die Welt dagegen, dann hat Israel Pech gehabt, dann hat Israel, bzw. haben die Juden, von der ganzen Welt quittiert bekommen: wir haben genug von euch, wir wollen euch nicht haben, verschwindet, macht euch vom Acker, muckt nicht auf, sterbt! Wir haben euch eine Chance gegeben, aber ihr habt gesehen, niemand will euch wirklich haben. Oder die andere Möglichkeit: die Entscheidung fällt pro Israel aus.

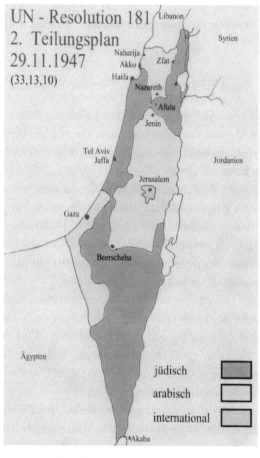

UN-Teilungsplan im Jahre 1947

Was passiert dann? Schaut euch die Karte einmal intensiv an. Man muss kein Militärstratege oder Experte sein, um zu sehen, dass das angebotene Land nicht zu verteidigen ist. Es gibt Stellen im Süden und Norden, wo das Land getrennt ist und keine Verbindung miteinander hat. Bei einem Angriff vom Süden und/oder Norden, wird das Land auseinander gerissen und der Vernichtung preisgegeben. Und schaut einmal, wo Jerusalem liegt. Jerusalem liegt mitten im arabischen Teil mit keinem Zugang für die Juden. Aber man sagte, man wird diese Stadt internationalisieren, so dass allen Genüge getan ist.

### Keine Chance für Israel und seinen Gott

Dieser Flickenteppich wurde also den Juden angeboten und jeder vernünftige Mensch und ganz besonders alle, die am Verhandlungstisch saßen, wussten ganz genau, dass man dieses Stück Land nicht verteidigen kann.

Jeder wusste, dass in dem Augenblick, in dem tatsächlich ein jüdischer Staat ausgerufen wird, Israel am folgenden Tag die Kriegserklärungen vom Libanon, dem Irak, Syrien, Jordanien, Saudi-Arabien und Ägypten auf dem Tisch haben wird. Das war bekannt und auch, dass dann der neue junge Staat höchstens ein paar Tage oder vielleicht maximal 3 Wochen überleben kann.

Auf jeden Fall wird er am Ende nicht überleben und wenn der Krieg vorüber ist, kann man sagen: wir haben euch eine Chance gegeben, aber ihr seht, ihr seid nicht lebensfähig. Wir haben es versucht, wir haben es euch versuchen lassen, leider ist der Versuch gescheitert, aber jetzt muss endgültig Ruhe sein! Das Problem Israel ist damit ein für alle Mal erledigt.

Bei dieser Abstimmung ging es „verdeckt" um die direkte oder die indirekte Auslöschung des jüdischen Volkes und besonders ihres Anspruchs auf ein eigenes Land Israel. Sie sollten aufhören zu existieren oder sich, ohne Ansprüche oder das Recht, ihr Judentum zu leben, unter andere mischen. Es ist wichtig, dass wir diese Zusammenhänge verstehen.

Eigentlich wollte man sich auf diese Weise, wie schon oft davor und auch jetzt wieder, des Gottes Israels und Seiner Ansprüche entledigen.

## Besser als Nichts

Nach der Abstimmung jubelten die Juden eine Nacht – nicht dass sie von dem Landzipfel begeistert gewesen wären, aber wir schreiben das Jahr 1947 und sie hatten nun ein Fleckchen Erde zugesprochen bekommen, das ihnen allein gehören würde.

Der 2. Weltkrieg war vorüber und so ganz langsam sickerte durch, was im Holocaust wirklich passiert war und die Juden sagten: „Wenn wir nur irgendwo ein ganz kleines Stückchen Land gehabt hätten, wäre der Holocaust so nicht passiert, weil wir uns dorthin hätten retten können." Deshalb fanden sie das Angebot besser als nichts.

## Alles oder Nichts

Auch die Araber, die im Land wohnten, schauten sich ihren Teil an, aber reagierten ganz anders: „Sind wir denn verrückt? Wollt ihr uns das wirklich anbieten? Nein, das nehmen wir nicht an. Niemals! Wir wollen entweder alles oder nichts!"

Wenn wir uns daraufhin die Karte noch einmal ansehen, stellen wir fest, dass sie jetzt wieder in etwa um das Teilgebiet, das ihnen damals, als arabischer Staat zugesprochen wurde, streiten. Sie hätten dieses Land nehmen und als ihren neuen Staat ausrufen können, aber sie sagten nein.

## Todesstrafe für Waffenbesitz

Dann war klar, der jüdische Staat sollte am 14. Mai 1948 ausgerufen werden. Bis dahin war Großbritannien Mandatsmacht. Die

Engländer bestimmten, dass in der Zwischenzeit kein Jude eine Waffe haben dürfe, obwohl sie genau wussten, dass die Kriegserklärungen kommen würden, aber sie gestanden dem jüdischen Volk nicht zu, sich in der verbleibenden Zeit darauf vorzubereiten. Jeder Jude, bei dem man eine Waffe fand, wurde zum Tode verurteilt. Sie hatten knapp 6 Monate, von diesem 27. Nov. 47 bis zum 14. Mai 48, um irgendwelche Waffen zu organisieren. Gleich drei jüdische Untergrundorganisationen bemühten sich darum.

Sie versuchten verzweifelt, auf allen möglichen und unmöglichen Wegen von irgendwoher irgendwelche Waffen zu bekommen, weil sie wussten, dass sie angegriffen werden. Die meisten der wenigen Waffen hatten sie über die Tschechoslowakei bekommen.

### Israel überlebt – ein Wunder!

Bei der Ausrufung des Staates, am 14. Mai 1948, wohnten in dem neu gegründeten und ausgerufenen Staat Israel ca. 650 000 Juden. Und am 15. Mai 1948, das war ein Shabbat, lagen, wie erwartet, die Kriegserklärungen von Libanon, Syrien, dem Irak, Jordanien, Saudi-Arabien und Ägypten auf dem Tisch – die Kriegserklärung von 160 Millionen Arabern. Versucht, euch das einmal zu vergegenwärtigen.

Das war die Situation und wenn man diese Zahlen hört, muss man der Einschätzung derer, die in der UNO abgestimmt haben, mit ihrer Kalkulation recht geben, aber – sie haben nicht mit dem GOTT Israels gerechnet.

Im Januar 1949 wurde ein Waffenstillstand ausgerufen, weil die 160 Millionen Araber die 650 000 Juden nicht besiegen konnten. Es war wieder einmal ein klassisch-biblischer Kampf: David gegen Goliath. Selbst die ganze Welt sprach damals von einem Wunder.

### Das „Flüchtlingsproblem" wird geschaffen

In dieser Zeit wurde außerdem ein Problem geschaffen, um das es jetzt ganz aktuell geht: das Flüchtlingsproblem.

Ein paar Tage vor Ausrufung des Staates Israel warfen die arabischen Nachbarn Flugblätter ab, auf denen die arabischen Brüder aufgefordert wurden, sofort das Land zu verlassen, in die umliegenden arabischen Staaten zu kommen, dort ein paar Tage auszuharren, bis Israel ins Meer getrieben wäre.

Dann könnten sie zurückkehren und das ganze Land würde ihnen gehören. Deswegen konnten sie auch leichten Herzens den Vorschlag der UNO ablehnen, weil sie meinten, innerhalb weniger Tage nach Ausrufung des Staates Israel gehört ihnen sowieso das ganze Land. Heute ist in nahezu allen Medien immer nur die Rede von den „bösen Israelis, die die Araber vertrieben haben".

Die Juden warfen ihrerseits auch Flugblätter ab, auf denen sie die im Lande lebenden Araber aufforderten, im Land zu bleiben. Sie versprachen ihnen: „Wenn ihr bleibt, könnt ihr nach Kriegsende israelische Staatsbürger mit allen Rechten werden. Ihr werdet nicht einmal, wie die Juden, alle Pflichten erfüllen müssen. Ihr werdet nicht der Wehrpflicht unterliegen, da wir nicht wollen, dass im Konfliktfall Brüder gegen Brüder kämpfen müssen.

Diejenigen, die auf die israelischen Flugblätter hörten, sind heute israelische Staatsbürger, die nicht darauf hörten, wurden die sogenannten Palästinenser. Wichtig zu wissen ist: Es gibt keinen Volksstamm der Palästinenser, das Volk der Palästinenser ist eine künstliche Erfindung.

Wie aber kam es dazu? Wer sind die Palästinenser?

## Der Name der Erzfeinde

Um zu klären, wer die Palästinenser sind, müssen wir etwas weiter ausholen und in der Geschichte bis zum Ursprung des jüdischen Volkes zurückgehen.

Etwa zu der Zeit, als Abraham vom Norden ins Land herein kam, landete ein Seefahrervolk von Kreta an der West-Küste Israels, am Gaza-Streifen und versuchte, von dort ins Landesinnere vorzudringen. Das waren die Philister. Sie stießen dabei auf Abraham, der das Land von Norden Richtung Süden durchzog.

Schon bei der ersten Begegnung kam es zu einer Auseinandersetzung und die Feindschaft zwischen beiden war programmiert. Man kann viel darüber im ersten Buch Mose, in der Geschichte über Isaak, nachlesen. Die Hirten des Isaak gruben Brunnen, die die Hirten der Philister aus Neid immer wieder mit Steinen zuschütteten. Dieser Kampf dauerte durch die Generationen bis zur Zeit König Davids an, der die Philister dann entscheidend schlug. Danach waren sie bedeutungslos. Sie assimilierten sich mit den anderen Völkern. Es gab sie einfach nicht mehr.

Zur Zeit Jesu war Israel schon lange kein freies Land mehr, sondern eine römische Provinz. Rom war Großmacht und hatte als solche begonnen, sich die ganze Welt zu unterwerfen, aber kein anderes Volk widersetzte sich dem so vehement wie das jüdische.

Nach der Niederschlagung des dritten jüdischen Aufstands, benannte der römische Kaiser Hadrian, im Jahre 135 n. Chr., das Land nach Israels ehemaligen Erzfeinden in Palästina um. Dies geschah aus tiefster Empörung über diese halsstarrigen Juden, die sich einfach nicht unterordnen, nicht einordnen wollten, und den Befehlen der Römer, sich vor Kaiser- und Götterbildern zu verbeugen, nicht nachkamen.

## Philistäa – Palästina

Kaiser Hadrian wusste, dass die ersten und Erzfeinde des Volkes Israel die Philister waren und beschloß deshalb voller Zorn, das ganze Land in Philistäa, nach den Erzfeinden Israels, umzubenennen – und Philistäa heißt auf lateinisch und auf griechisch Palästina.

So kam das Land zu diesem Namen. Interessanterweise wurde es im Laufe der Geschichte von allen möglichen Völkern erobert und bewohnt, aber keines davon trug den Namen „Palästinenser".

Auch war dieses Land seit der Zerschlagung Israels und Judas nie Heimstätte eines souveränen Volkes, bis 1948 der Staat Israel wiedererstand und ausgerufen wurde.

## Aus Palästina wird 1948 wieder ISRAEL

In den meisten Bibeln kann man Landkarten betrachten mit der Erklärung: Palästina zur Zeit Jesu. Das ist, gelinde gesagt, eine Lüge oder das bewusste in Umlaufbringen falscher Tatsachen! Zu Jesu Zeit gab es noch kein Palästina.

Erst nach der Staatsgründung Israels taucht das Wort Palästinenser wieder auf, das logischerweise impliziert, es gäbe ein Volk dieses Namens, aber es wird als Bezeichnung für Araber gebraucht.

Wieso geschieht das? Haben die, die sich jetzt Palästinenser nennen, irgend etwas mit den alten Philistern zu tun?

Ethnisch gesehen, nein. Wie bereits erwähnt, haben die Philister aufgehört, als Volk zu existieren. Es hat jedoch ein interessanter Prozeß begonnen. Israel, das unter römischer Besatzung als Provinz Syrien bekannt war, hieß also seit 135 n. Chr. Palästina.

Deshalb waren eigentlich die Juden, die Ende des 19., Anfang des 20. Jahrhunderts, dort einwanderten, die Palästinenser. Sie hatten in ihrem Paß ein P eingestempelt. Bevor der Staat Israel gegründet wurde, wollte kein einziger Araber, der im Land lebte, Palästinenser genannt werden. Sie bestanden darauf, Araber zu sein und sagten: „Oh nein, wir sind Araber und kommen, wie unsere Brüder, aus Syrien, (Trans)Jordanien, dem Libanon und Ägypten, also aus den umliegenden Ländern. Wir gehören zusammen. Die Juden, ja, die sind die Palästinenser."

Die englischsprachige israelische Zeitung „Jerusalem Post", gab es auch vor der Staatsgründung schon unter dem Namen „Palestine Post" als Zeitung für Juden. Aber dann wurde der Staat Israel gegründet, und die Juden, die im Land lebten, hatten plötzlich wieder eine Identität, und einen Namen, sie hießen ab sofort wieder Israel – und biblische Prophetie erfüllte sich.

## Eine Lüge

Die Araber, die bei der Staatsgründung Israels Angebot angenommen hatten, sind heute israelische Araber oder arabische Israelis. Aber die Leute, die in Judäa, Samaria und in Gaza waren, denen dieses Land beim Teilungsplan 1947 von der UNO als neuer arabischer Staat angeboten worden war und den sie ablehnten, weil es ihnen zu wenig war, die nennen sich seit 1964 Palästinenser.

Um genau dieses Stück Land kämpfen sie heute wieder, und nicht nur um dieses Gebiet, sondern sie beanspruchen ganz Israel und sagen, Israel hätte es ihnen weggenommen. Aber das ist eine infame Lüge.

## Eine neue Identität

Zunächst wurden Judäa und Samaria von Jordanien und Gaza von Ägypten während des Unabhängigkeitskrieges 1948/49 annektiert, was aber von nahezu keinem Land der Erde anerkannt wurde.

Die arabischen Bewohner dieser Gebiete waren nun weder Israelis noch Jordanier oder Ägypter und wurden von Verwandten aus den umliegenden Ländern ermutigt, den bewaffneten Kampf um „ihr" Land aufzunehmen und von cleveren Werbeberatern dahingehend unterstützt, sich jetzt Palästinenser zu nennen, sich der Weltbevölkerung als „Volk ohne Land" zu präsentieren und darin ihre Identität zu finden.

Sie hatten jetzt kein Problem mehr, sich mit den alten Philistern als Palästinenser zu identifizieren, fühlten sie sich ihnen doch geistig sehr verbunden als Feinde Israels, die ebenfalls das Land beanspruchten.

## Territoriale Mächte

Aus dem Buch Daniel wissen wir um territoriale Mächte, die Anspruch auf Länder oder Territorien erheben, weil sie aus den verschiedensten Gründen Rechte darauf haben oder anmelden.

Als nun das Volk der Philister verschwunden war, kümmerte sich niemand um die geistlichen Mächte, die diese Region für sich beanspruchten. Sie wurden nie wirklich von dort vertrieben – deshalb waren und sind sie immer noch da. Als das jüdische Volk zurückkam und der Staat Israel gegründet wurde, kümmerte sich niemand um solche Dinge.

## Hass als Einfallstor

Diese geistlichen Mächte haben sich sicher voller Begeisterung auf die arabischen Bewohner des Landes, die wieder und weiterhin gegen das Volk Israel im Land vorgehen wollen, gestürzt und sich mit ihnen verbunden. Der gemeinsame Hass war sicherlich ein Einfallstor dafür.

Deshalb sind und fühlen sich die heutigen „Palästinenser" als die geistlichen Erben der Philister, weil sie die Israelis im selben Ausmaß hassen, wie die Philister das taten und sie betrachten sie in derselben Weise als ihre Feinde genau so, wie die Philister es machten. So haben sich ihr Hass und ihr Ziel, Israel zu vernichten, mit diesen Mächten verbunden.

Daraus folgt, dass ethnisch gesehen, die heutigen Palästinenser überhaupt nichts mit den Philistern gemeinsam haben, aber geistlich gesehen, traten sie deren Erbe an und tun heute genau das, was diese Mächte wollen, dass sie tun sollen. Sie hassen Israel mit einer solchen Macht, dass aus dieser Verbindung ähnliches herauskommt, wie bei der Vereinigung von Antisemitismus und Islamismus: Hass bis zum Tod und bis zur Vernichtung!

Wenn man heute dauernd vom Volk der Palästinenser spricht,

dann wird aufgrund des oben Gesagten offensichtlich, dass allein dieser Begriff schon eine Lüge ist.

Es gibt kein Volk der Palästinenser. Die Leute, die sich so nennen, sind die gleichen Araber, wie die in Syrien, im Libanon und hauptsächlich in Jordanien. Die allermeisten von ihnen haben dort auch Familien. Aber sie gelten heute als „das Volk ohne Land", die Armen, die durch die bösen Israelis vertrieben wurden. Es ist wichtig, in dieser Zeit zu wissen, was Wahrheit und was Lüge ist.

### Gottes Lösung für die Palästinenser

Die Lösung Gottes zu diesem Thema steht in Sacharja 9, 1 ff. Da heißt es:

*„Prophetische Botschaft: Der HERR richtet seinen Blick nicht nur auf Israel, sondern auf alle Menschen. Sein Wort hat das Land Hadrach – das ist Syrien – erreicht, es wohnt in Damaskus, ist ins angrenzende Hamat – Syrien – gelangt, und es kommt bis nach Tyrus und Sidon, – das ist im Libanon – wo die Leute so überaus klug sind. Tyrus hat sich mit mächtigen Mauern umgeben, es hat Berge von Gold und Silber aufgehäuft; aber der HERR wird ihm seine Schätze wegnehmen und seine Mauern ins Meer stürzen; die Stadt wird zum Opfer der Flammen."*

Vor Ausbruch des Bürgerkriegs 1975 zwischen der PLO, unter Duldung der Moslems, und den Maroniten (Christen), und einer späteren Beteiligung Syriens und Israels, bis zur heutigen beklagenswerten Situation mit der Hisbollah, wurde der Libanon als die Schweiz des Nahen Ostens bezeichnet, wohin die ganzen Schätze aus dieser Region gebracht wurden und teilweise heute immer noch sind. Seither wird der Libanon systematisch zerstört und seither haben Beirut und Tyrus oft gebrannt, wie in unserem Text beschrieben. Es geschieht vor unseren Augen. Jetzt, in unserer Zeit, erfüllt sich genau dieses Wort.

## Das Schicksal der Palästinenser

Im weiteren Text geht es um die Philister. Gestattet mir jedoch, dafür Palästinenser zu setzen, denn es ist ein Text, in dem es um die Endzeit und somit unsere Zeit geht und die Leute betrifft, die das Erbe der Philister angetreten haben. Israel marschierte 1982 in den Südlibanon ein, weil dort die PLO (palästinensische Befreiungsorganisation) unter Arafat einen Terrorstaat im Staat aufgebaut hatte, die sowohl die Südlibanesen als auch Nordisrael terrorisierten. Es gab Zeiten, in denen Babies im Norden Israels geboren wurden und 2 Jahre lang kein Tageslicht sahen, weil Arafat und seine Schergen vom Südlibanon aus auf alles schossen, was sich in ihrer Reichweite bewegte. Daraufhin marschierte Israel ein, hob dieses Nest aus, und vertrieb sie. Mit Arafat, ihrem „König", flüchteten sie nach Tunesien. Tunesien gab Arafat für 10 Jahre ein Bleiberecht. Nach 10 Jahren musste er verschwinden und ging – ? nach Gaza! Wir lesen weiter:

*„Die ‚Palästinenser' in den Städten Aschkelon, Gaza und Ekron (hier ist das gesamte Gaza-Gebiet gemeint, Anm. der Autorin) werden davon hören und vor Angst vergehen, weil sie nun keinen Beschützer mehr haben. Der König wird aus Gaza verschwinden, die Leute von Aschkelon müssen in die Verbannung, in Aschdod werden Fremde angesiedelt. Die ‚Palästinenser' waren stolz auf ihre Unabhängigkeit; damit ist es jetzt zu Ende. Der HERR reißt ihnen die blutigen Fleischstücke aus den Zähnen und das Fleisch der Tiere, die er verabscheut."* –

Das ist eine klare plastische Sprache.

## Terrorkrieg – eine neue Erfindung

Mörder, die sich und meistens viele andere als Selbstmordbomben in die Luft sprengen, sind eine Erfindung von Herrn Arafat, die es vorher nie gegeben hat. Terrorkriege, die seither geführt werden, sind eine ganz neue Art der Kriegsführung, die kein zivilisiertes Land gewinnen kann. Und die Beschreibung *„der Herr reißt ihnen die blutigen Fleischstücke aus den Zähnen"*, ist ein Bild für die zerrissenen Leiber der Selbstmörder und ihrer Opfer.

Als der Prophet Sacharja das schrieb, verstand er wahrscheinlich nicht, was er sah und aufschreiben musste; er konnte sich so etwas sicherlich nicht vorstellen. Aber Gott hat ihn etwas beschreiben lassen, wovon wir heute Zeugen sind!

## Gott handelt

Dann kommt Gott selbst und handelt an ihnen – mit Vehemenz: Er reißt weg! Er nimmt weg! … –

*„Dann zählen auch die überlebenden „Palästinenser" zum Volk unseres Gottes, sie werden zu einer Sippe in Juda, so wie es früher mit den Jebusitern geschehen ist."*

Er handelt an ihnen und läßt einen Rest übrig, den Er für sich freisetzt! Er kümmert sich um sie. Was heißt nun *„sie werden im Stamm Juda wohnen"*? Gaza gehört zum Erbbesitz des Stammes Juda. Der Überrest der Palästinenser wird höchstwahrscheinlich dort, im Gaza-Streifen, wohnen, wo sie eine gewisse Autonomie haben werden, aber sie werden kein souveräner Staat sein! Sie werden sich im Gehorsam und im Glauben an den Gott Israels und Seinen Messias ein – und unterordnen, unter Juda, unter Israel! Das ist Gottes Lösung -- für das Palästinenserproblem!

## Gute Nachricht

Ist es nicht faszinierend, dass inmitten einer Zeit der Dunkelheit, Sein Wort als Sein Licht beginnt aufzuleuchten und uns den Weg zu weisen und Antwort zu geben? In Seinem Wort sagt Er auch in Amos 3, 7: *„Er tut nichts, es sei denn, daß Er es zuerst den Propheten, seinen Knechten, offenbart."* Das ist „Gute Nachricht"!

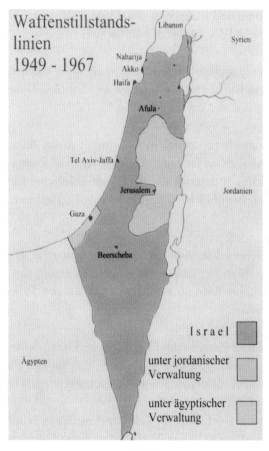

Israel 1949

## Es gibt Israel, weil Gott es will

Nach diesem Exkurs kehren wir wieder zur Staatsgründung Israels, am 14. Mai 1948, zurück und der Situation am 15. Mai, wo alle umliegenden arabischen Nachbarn Israel den Krieg erklärt hatten und 650 000 Israelis einer Flut von 160 Mio. Arabern gegenüberstanden.

Niemand rechnete mit dem Gott Israels und damit, dass Er eingreifen würde, und – der Staat Israel kam in Existenz. Dazu zitiere ich aus Hesekiel 36, 23-24, da sagt GOTT:

*„Ich werde meinem großen Namen bei allen Völkern wieder Ehre verschaffen. An dem, was ich an euch (Israel) tue, sollen sie erkennen, daß ich der Herr bin."*

Und niemand kam umhin, mit Ehrfurcht dieser Aussage Gottes zuzustimmen, als im Januar 1949 der Staat Israel immer noch existierte und besser dastand als zuvor, weil Israel eine ganze Menge Land hinzugewonnen hatte (siehe: Seite 107). Und in Kap. 37, 28 lesen wir:

*„Die Völker sollen sehen, daß mein Heiligtum für alle Zeiten in ihrer Mitte ist, und sie sollen daran erkennen, daß ich der Herr bin, der Israel als sein heiliges Volk aus den Völkern ausgewählt hat."*

Auch mit dieser Zusage stellt Gott sich ganz klar zu Seinem Volk. Er sagt, das ist mein Wort und alle können sich auf den Kopf stellen, sie können alles versuchen, ich werde euch zeigen, dass Israel seinen lebendigen Gott in seiner Mitte hat.

Und es war Gott, der Sein Volk Israel zurück in Sein Land Israel brachte, damit sie sich dort, im Land, zu ihrem Gott Israels bekehren. Davon wird in Hesekiel 37 am Anfang gesprochen.

## Voraussetzungen für die Wiederkunft des Messias

Also Israel gibt es, weil Gott will, dass es Israel gibt! Israel musste seit seiner Gründung 8 große Kriege führen und wird jetzt 60 Jahre alt.

In jedem Jahrzehnt gab es einen Krieg: den Unabhängigkeitskrieg 1948, einen Krieg mit Ägypten 1956, da ging es um den Suezkanal, den allbekannten, berühmten Blitzkrieg oder Sechs-Tage-Krieg 1967, in dem das gewaltige Wunder der Wiedervereinigung Jerusalems geschah.

Das war ein unvergleichlicher Einschnitt in der geistlichen Welt, denn dadurch waren nun die äußerlichen Voraussetzungen geschaffen und gegeben, dass der Messias zurückkommen kann. Wir wissen aus der Schrift, dass der Messias dann wiederkommt, wenn das Volk Israel wieder im Land Israel und Jerusalem die Hauptstadt des Volkes und des Landes ist. Der Messias wird nicht nach Rom kommen und auch nicht nach Washington D. C., noch nicht einmal nach Berlin. Er kommt nach Jerusalem und er kommt sicher nicht in ein geteiltes Jerusalem und er kommt auch nicht in ein palästinensisches oder internationales Jerusalem, sondern Er kommt zurück zu Seinem Volk, in Seine Stadt, um von dort aus zu herrschen über Israel und die ganze Welt.

1973 rettete Gott Sein Volk im Yom Kippur Krieg und 1982 im ersten Libanonkrieg. Israel musste also seit seiner Gründung einen Krieg um den anderen kämpfen und kam aus allen Kriegen erfolgreich als großer, eindeutiger, unzweifelhafter Sieger heraus, jedesmal gegen eine unglaubliche Übermacht.

## Wer unter dem Schutz des Höchsten sitzt

Dann kam 1991 der erste Golfkrieg. 1990 sagte Saddam Hussein, er werde in dem Augenblick halb Israel verbrennen, wenn Israel nur den Finger heben und seinen arabischen Brüdern auch nur das Geringste antun würde.

Ohne, dass Israel in irgendeiner Weise in seine kriegerischen Auseinandersetzungen mit Kuwait verwickelt gewesen wäre, machte er seine Drohungen wahr und schoß seine Skudraketen nicht nur auf Kuwait und Saudi-Arabien, sondern auch auf Israel. In den anderen Ländern kamen viele Menschen zu Tode. In Israel starb kein einziger Mensch durch die Skudraketen. Sie waren unter dem Schutz des Höchsten und unter dem Schatten des Allmächtigen. Danach wurde Israel von der UN gezwungen, an den Verhandlungstisch in Madrid zu kommen, weil Israel die Schuld an dem 1. Golfkrieg gegeben wurde.

### Gaza-Jericho-Zuerst

Daraus entwickelte sich der schreckliche Gaza-Jericho-Zuerst-Vertrag, der am 13. September 1993, auf dem Rasen des Weißen Hauses in Washington D. C., unterschrieben wurde und heute als Oslo-Abkommen bekannt ist.

Er kam folgendermaßen zustande: Israels heutiger Präsident, Shimon Peres, und einige andere trafen sich in Geheimverhandlungen mit Arafat, obwohl es nach israelischem Recht absolut verboten war, offizielle Verhandlungen mit Terroristen zu führen.

Im Juli/August traten sie damit an die Öffentlichkeit, stellten das israelische Volk vor vollendete Tatsachen und verkündeten: „Jetzt machen wir Frieden".

Die Formel hieß: Land gegen Frieden.

### Friede, Friede!

Wenn man diese Aussage wirklich nachzuvollziehen versucht, kann man nur zu dem Schluß kommen, dass diese Formel, die eher eine unverschämte Forderung darstellt, unter aufgeklärten, zivilisierten Menschen des 20. Jhdts. zunächst unsinnig, aber weit darüber hinaus höchst unmoralisch, ungeheuerlich und skandalös ist.

Die Architekten, die sich über Satellitenfernsehen zu diesem Vertragsabschluß von der ganzen Welt bejubeln ließen, waren keine geringeren als der damalige Ministerpräsident Rabin, der PLO-Chef Arafat und Herr Peres, der auch daneben stehen durfte, sowie der damalige amerikanische Präsident Clinton.

Als die Unterzeichnung dieses Abkommens übertragen wurde, saß die ganze Welt vor dem Fernseher und vielen kullerten vor Rührung die Tränen über die Wangen, denn hier wurde proklamiert und alle konnten es sehen: „Friede! Friede! Jetzt kommt der ganz große Friede!" –

## Der Terrorkrieg wird geboren

Niemals zuvor gab es in Israel so viele Todesopfer, wie seit Abschluß dieses „Friedens"vertrages. Viele Israelis und Juden auf der ganzen Welt sagen, das sei der schlimmste Vertrag, den Israel jemals bis zu jenem Zeitpunkt unterzeichnet habe.

Es ist der Beginn einer neuen Ära, die Einfluss auf das gesamte Weltgeschehen genommen hat. Die Selbstmordattentäter waren und sind ein Auswuchs, der wie ein Krebsgeschwür aus dem Innersten des Vertrages herausbrach und den Geist, der dahintersteckt, offenbart. Eine neue Art des Krieges, der Terrorkrieg, hat damit begonnen. Israel leidet, blutet und zahlt seither unentwegt.

Kein einziger israelischer Ministerpräsident hat von diesem Zeitpunkt an eine volle Amtsperiode zu Ende führen können. Gott ließ das nicht zu, weil jeder von ihnen an diesem Vertrag weiterbaute und immer mehr Landabgaben versprach. Ich will jetzt nicht auf die einzelnen Ministerpräsidenten eingehen, sondern mit dem vorletzten beginnen.

## Ein ganz anderer Ministerpräsident

Das war Ariel Sharon. Er versprach, nachdem Herr Barak als Ministerpräsident, der jetzt wieder Verteidigungsminister ist, so viel von

Israel abtreten wollte, wie nie ein Ministerpräsident vor ihm und Israel damit in höchste Gefahr gebracht hatte, dies zu stoppen und umzukehren und alles ganz anders zu machen. Er wurde mit einer so großen Mehrheit gewählt, wie kein anderer Ministerpräsident vor ihm. In seiner ersten Amtsperiode, die keine volle war, weil er die des Ehud Barak weitergeführt hatte, regierte er wunderbar und übertraf alle seine Vorgänger an Beliebtheit.

Er hielt sich an sein Wort, griff mit Macht gegen den Terror durch, der dann auch zurückging, er unterstützte die Siedlungen, er unterstützte das Leben in Israel und langsam kehrte ein wenig Ruhe ein. Selbst frühere Gegner wurden zu seinen Anhängern. Die Lage entspannte sich allmählich und die Menschen hatten wieder Hoffnung. Dann standen Wahlen an und Ariel Sharon wurde zum 2. Mal gewählt, eben auch von ehemaligen Gegnern, weil ihm sein Ruf und sein Ruhm vorauseilten. Das war im Jahre 2003. Nur ein paar Monate, nachdem er neu gewählt worden war und den Zuspruch fast des ganzen Volkes hatte, ließ er plötzlich verlauten, jetzt müsse alles geändert werden. „Wir müssen schmerzhafte Konzessionen machen, weil wir mit den Palästinensern Frieden wollen." Anfänglich dachten alle, dies sei nur ein geschickter Schachzug, um die umliegende Welt zu beruhigen. Solche Äußerungen seien nötig und würden erwartet und Sharon war schon immer als exzellenter Taktiker bekannt.

### Gott hat es gesagt

Alle, die das dachten, täuschten sich in ihm. Im Jahre 2005 drückte er tatsächlich mit undemokratischen Mitteln durch, dass ganz Gush Katif in Gaza von Juden entwurzelt wurde. Gaza gehört nach der Aussage Gottes, eindeutig zu dem Stamm Juda (Jos. 15, 47) und da können UN, EU und wer immer kommen und sagen, dies sei nicht richtig – Gott hat das gesagt.

## Jude gegen Juden

Es war bisher einfach undenkbar, dass ein Jude veranlaßt und dafür gesorgt hat, andere Juden im eigenen Land zu vertreiben und sie in ihrem eigenen Land zu Flüchtlingen zu machen. Bis heute, im April 2008, fast 3 Jahre später, hat der allergrößte Teil dieser Menschen noch immer keine Wohnung, keine Arbeit, keine Hoffnung. Die meisten unter ihnen waren ganz stark an den Gott Israels gläubige Leute. Ein beträchtlicher Teil der Jugend ist abgefallen, wurde drogensüchtig. Viele sind einfach verzweifelt. Für mich ist immer noch nicht nachvollziehbar, wie es möglich ist, dass ein israelischer Ministerpräsident mit Tausendschaften von Polizei und Armee gegen sein eigenes Volk vorgeht, es entwurzelt und heimatlos macht.

### Vernichtung von Leben – Fehler oder Absicht?

Da wurden nicht nur Häuser zerstört, da wurde mutwillig Leben zerstört – Lebensträume, Zukunft, Glaube, Liebe, Hoffnung! Wenn man dann noch bedenkt, dass diese ganze Aktion als „Preis des FRIEDENS!" „verkauft" wurde, mit dem Versprechen, dass wenn man den Palästinensern Gaza gibt, dann der ganz große Frieden ausbricht, dann kann man angesichts der ungeschminkten Realität nur noch im Innersten zutiefst erschüttert, fassungslos, sprachlos davorstehen und zu Gott schreien über diesen fatalen Irrtum oder aber die beispiellose Anmaßung.

Seither haben wir mitten in Israel einen Terrorstaat: Hamastan oder Terroristan. Das gleiche geschah im Südlibanon, als die israelische Armee sich unter Barak von dort zurückzog. Sie war dort eigentlich zum Schutz für den Norden Israels, der von der Hisbollah angegriffen wurde. Israel zog sich zurück und heute sitzt da die vom Iran unterstützte Hisbollah, mit dem erklärten Ziel, bis zur totalen Zerstörung Israels zu kämpfen. Im Südwesten sitzt die Hamas, die sich auf die Fahne geschrieben hat, Israel absolut zu vernichten.

Niemand war in der Lage, wirklich zu fassen, wie Sharon so etwas tun konnte und bis heute gibt es dafür keine schlüssige Antwort, dafür aber alle möglichen Spekulationen und Erklärungen.

## Aus dem Verkehr gezogen

Im Januar 2006, ein knappes halbes Jahr später, fällt Sharon von heute auf morgen mit einem Hirnschlag ins Koma und vegetiert seither vor sich hin. Ich bin felsenfest davon überzeugt, dass ihm das nicht widerfahren wäre, wenn er sich nicht am Volk und Land Gottes vergriffen hätte. In Joel 4, 1- 3 sagt Gott ganz klar und deutlich, dass er alle strafen wird, die Sein Land zerteilen. Diese Aussage läßt sich an vielen Beispielen nachweisen.

## Wahlen mit fatalem Ausgang

Im selben Januar finden in Gaza „demokratische Wahlen" statt. Dies geschieht nicht nur unter Zulassung, sondern unter dem Druck der Vereinigten Staaten von Amerika.

Die „palästinensische" Bevölkerung wählt, wie erwartet und mit von Wahlbeobachtern festgestellten „Unregelmäßigkeiten", die „Geradeaus-Terroristen" mit großer Mehrheit, die ihre Absichten mit begleitenden Hasstiraden offen hinausschreien, und Israel und die ganze Welt wissen lassen, dass sie nicht eher ruhen werden, bis Israel vollkommen zerstört ist. In eklatanter Anmaßung beanspruchen sie das ganze Land Israel als ihr Eigentum!

## Olmert am Ziel

Jetzt haben wir also einen komatösen Sharon, eine „demokratisch" gewählte Terroristenführungsriege in Gaza und einen schwachen Stellvertreter von Sharon: Ehud Olmert.

Ministerpräsident Sharon hatte, kurz vor der Entwurzelung seiner eigenen Leute in Gaza, eine neue Partei, die Kadima, gegründet, weil er in der alten Likudpartei, die ihn zum Ministerpräsidenten gewählt hatte, keinen Rückhalt mehr fand. „Kadima" heißt „Vorwärts" und wurde, nach Sharons unfreiwilligem Ausscheiden, von Herrn Olmert übernommen. Als der noch Bürgermeister von Jerusalem war, konnte man überwiegend Gutes über ihn hören und sagen, denn er hatte sich sehr für das Wohl der Stadt eingesetzt. Als er dann aber Minister in Sharons Kabinett geworden war, zeigte er ganz andere Charakterzüge. Der zunehmende Eindruck, dass er korrupt ist, bestätigte sich immer mehr. Es heißt, er habe mit allen Mitteln gezielt darauf hingearbeitet, einst selbst Ministerpräsident zu werden, was ihm ja dann auch schon in den folgenden Wahlen, im März 2006, gelang.

### Der 2. Libanonkrieg – eine Katastrophe

Im darauf folgenden Juli/August brach der 2. Libanonkrieg aus, nachdem die Hamas im Süden und die Hisbollah im Norden israelische Soldaten entführt hatten. Die israelische Armee schritt dagegen ein und in der Folge wurde daraus ein Krieg, der sich für Israel zur absoluten Katastrophe auswuchs. Es war der erste Krieg, aus dem Israel nicht als eindeutiger Sieger hervorging.

Nach dem Krieg bestand die israelische Bevölkerung auf der Einsetzung eines Untersuchungskomitees, das die Gründe dafür und die Verantwortlichen für Versagen und Fehlentscheidungen herausfinden sollte.

Aus dem endgültigen Bericht dieses Komitees, geht klar hervor, dass Olmert, samt seiner Außenministerin Livni, dem Verteidigungsminister Perez und dem Generalstabschef, wobei die letzten beiden in der Zwischenzeit zurückgetreten sind, für den Ausgang verantwortlich gemacht werden. Ehud Olmert denkt aber nicht im Traum an Rücktritt, obwohl zusätzlich gegen ihn in vier verschiedenen Fällen ermittelt wird und er von allen Seiten dazu aufgefordert wurde. Die israelische Bevölkerung hat in einer Umfrage im

Oktober 2007, Ministerpräsident Olmert zum korruptesten Politiker Israels erkoren.

Nach dem von der UN erzwungenen Ende des 2. Libanonkrieges, sorgte sie dafür, dass ihr im Südlibanon das Mandat übertragen wurde, unter dem die Hisbollah wieder voll aufgerüstet hat und nun mehr Waffen besitzt als vor dem Krieg.

## Von Todfeinden umringt

Israel ist von Todfeinden umringt. Im Norden, im Südlibanon, sitzt die Hisbollah und will Israel vernichten, im Südosten, in Gaza hat die Hamas dasselbe Ziel. Dann gibt es Syrien, das den gesamten Golan, bis zum See Genezareth hinunter, haben will und deshalb Israel gerne ausgelöscht sähe und es gibt den Iran. Der will nicht nur Israel vernichten, er ist kurz vor der Vollendung der Atombombe. Der Iran besitzt bereits neue Raketen mit einer Reichweite, die Israel treffen können.

Und dann gibt es die USA, den großen „Freund" Israels, mit Präsident Bush an der Spitze, der es sich aus unerfindlichen Gründen in den Kopf gesetzt hat, dass noch vor Ablauf seiner Amtszeit, die im November 2008 endet, auf israelischem Land ein Palästinenserstaat gegründet sein muss. Er ist der erste Präsident, der das formuliert und fordert und die EU unterstützt ihn in diesem Vorhaben in jeder Hinsicht.

## Israel ist der Preis

Auch die USA haben, wie der Rest der Welt, Angst vor dem Iran. Niemand weiß, was man mit dem Iran tun soll, währenddessen Präsident Ahmadinedschad den Westen immer mehr verspottet und provoziert.

Die unterschwellige Diskussion und Frage ist: wird Amerika oder Israel die Atommeiler zerstören? Amerika ist im Irak involviert und in Afghanistan. Deswegen ist es für die USA im Moment wichtig, eine Koalition zu bilden mit den sogenannten „moderaten" sunnitischen arabischen Staaten, die sich auch alle vor dem Iran und den Schiiten fürchten.

Auf diese Weise, meinen sie, könne man die Gefahr aus dem Iran vielleicht noch abwenden. Dass aber sowohl die sunnitischen, als auch die schiitischen Staaten Israel vernichten und die Errichtung eines Palästinenserstaates wollen, wird dabei bewußt ausgeblendet.

Damit also diese arabischen Staaten den USA wohlgesonnen sind und Herrn Bush nicht mit Terror belästigen und ihn mehr oder weniger in Ruhe lassen, brauchen sie ein Geschenk. Dieses Geschenk heißt „Palästina", als neu zu gründenden Staat und der Preis dafür ist Israel. Das ist in ganz groben Zügen die Situation, die wir heute haben. Präsident Bush hat darüber hinaus eine außerordentlich ambitionierte Außenministerin, Condoleezza Rice, die sich offenbar zu ihrem ganz persönlichen Ziel, als höchste Priorität gesteckt hat, Herrn Bush, am Ende seiner Amtszeit, im November 2008, mit einem Palästinenserstaat zu „beglücken".

### ISRAEL in der Gegenwart – ANNAPOLIS –

Die Absichtserklärung zur Gründung
eines Palästinenserstaates

Auf dem Weg dahin sollte eine „Friedenskonferenz" helfen, die von Frau Rice, im Namen der USA, eigens dazu in Annapolis anberaumt wurde. Um Folgendes sollte es auf der Konferenz gehen:

– dass im biblischen Kernland, in Judäa, Samaria, dem Gebiet, das die Welt Westjordanland nennt und Gaza, ein Palästinenserstaat gegründet wird.

- dass Jerusalem geteilt und Hauptstadt des Palästinerstaates wird.
- dass der gesamte Tempelberg mit Klagemauer an die Palästinenser geht, was bedeutet, dass Juden, und ziemlich sicher auch Christen, keinen Zugang mehr haben. Und,
- dass die sogenannten „palästinensischen Flüchtlinge" von 1948 ein Rückkehrrecht haben und sich in ganz Israel nieder lassen dürfen.

Das bedeutet nichts anderes als Mord oder Selbstmord an Israel. Wenn sich Israel in Grenzen von vor 1967 zurück begeben soll, ist es nicht mehr zu verteidigen.

## Ansprüche jüdischer Flüchtlinge

Wenn es schon um Flüchtlinge geht, muss unbedingt erwähnt werden, dass nach der Staatsgründung Israels, die umliegenden arabischen Länder die dort ansässigen Juden ohne jegliche Kompensation vertrieben hatten.

Diese Flüchtlinge haben sich organisiert und nachgewiesen, dass ihre Ländereien, die sie in den arabischen Ländern besessen hatten und zurücklassen mussten, insgesamt 3 mal so groß sind wie die Fläche von Israel.

## Umkehrung einer historischen Tatsache

Am 27. November 1947 stimmte die Mehrheit der Welt dafür, dass es einen jüdischen Staat geben sollte. Am 27. November 2007, genau 60 Jahre später, stimmte die Mehrheit indirekt für seine Vernichtung und die Gründung eines Palästinenserstaates. Alle Länder, die damals dabei waren, waren auch in Annapolis.

## Die Teilnehmer

Die Hauptakteure waren natürlich die USA mit Präsident Bush und Frau Rice, Ministerpräsident Olmert für Israel und Herr Abbas für die Palästinenser, obwohl der im Juni von der konkurrierenden Terrororganisation Hamas bereits aus Gaza hinausgeworfen wurde, sich beide seither gegenseitig bekriegen und er deshalb gar nicht für die Palästinenser mit einer Stimme sprechen kann.

## Abbas, der „Gute"

Die USA und die EU versuchen im Moment der ganzen Welt glauben zu machen, Abbas sei der Gute und die Hamas mit ihren Leuten seien die Bösen. Die zwei unterscheiden sich aber nur darin, dass die Hamas in ihrem Hass offen ihre Vernichtungspläne gegenüber Israel vertritt, während Abbas hingegen doppelzüngig für alle, die mindestens auf einem Ohr taub sind oder sein wollen: „Friede, Friede!" verkündet. Er ist aber der Mann, der in seiner Doktorarbeit vertritt, der Holocaust habe niemals stattgefunden. Er ist der Mann, der 1972 das Attentat in München, bei den olympischen Spielen, finanzierte, bei dem 11 israelische Athleten und drei deutsche Polizisten ermordet wurden. Er ist der Mann, der, wie die Hamas, seinen Brüdern auf arabisch sagt, „ganz Israel gehört uns und wir kämpfen, bis wir es haben!"

Aber für die USA und die EU ist er „der Gute", ungeachtet der Tatsache, dass natürlich auch er Moslem ist, der niemals mit Israel Frieden in unserem Sinne schließen kann oder darf. Weil er im eigenen Lager so schwach ist und weil es um die ureigensten Interessen des Westens geht, wird er in unglaublicher Weise, und natürlich auf Kosten Israels, hochgepäppelt. Von Israel wird jede Woche ein neues Geschenk gefordert, damit er bei Laune bleibt und die korrupte israelische Regierung kommt diesem Verlangen nach. Erst am 3. Dezember 2007 hat Israel als Geschenk wiederum 430 Mörder freigelassen. Die Freilassung der drei entführten israelischen Soldaten, um derentwillen der letzte Libanonkrieg ausbrach, war dabei kein Thema.

Es ist allgemein bekannt, dass Abbas nichts, was unterschieben wird, durchsetzen kann. Die Hamas wird kommen und alles an sich reißen, was zugunsten der Palästinenser ausgehandelt ist. All das wird von den USA und der EU unterstützt.

### Tränenrührige Erklärung

Darüber hinaus war für die amerikanischen Gastgeber die Teilnahme der arabischen Staaten, rund um Israel, vorrangig. Es waren natürlich auch die EU und das sogenannte Quartett vertreten. Für Deutschland war Außenminister Steinmeier dort.
Präsident Bush verlas in Annapolis eine gemeinsame Erklärung der Israelis und der Palästinenser.

Darin wird die Entschlossenheit von Herrn Olmert und Herrn Abbas ausgedrückt, das Blutvergießen, das Leiden und Jahrzehnte des Konfliktes zwischen ihren Völkern zu beenden. Tränenrührig heißt es dann:

„... Es wird eine neue Zeit des Friedens anbrechen, basierend auf Freiheit, Sicherheit, Gerechtigkeit, Würde, Respekt und gegenseitige Anerkennung. Um eine Kultur des Friedens und Gewaltlosigkeit zu propagieren, Terrorismus und Hetze entgegen zu treten, egal von welcher Seite sie kommen, von den Israelis oder den Palästinensern. Und dieses Ziel wird vorangetrieben unter der Schirmherrschaft der USA ..."

Eine friedliche Lösung der palästinensischen Frage wird auf diese Weise niemals stattfinden.

Dieses Ansinnen ist absolut absurd, weil wie bereits erläutert, nach dem Koran kein Moslem Frieden – in unserem Sinne – mit Israel schließen kann und darf.

### Sehnsucht nach Frieden

Außerdem bedarf es bei jedem angestrebten Frieden, jedenfalls nach Auffassung des Friedensbegriffes in unserer westlichen Kultur, wenigstens zweier Partner, die beide Frieden wollen und dafür sichtbare, nachvollziehbare Anstrengungen unternehmen.

In unserem speziellen und aktuellen Fall ist es allerdings so, dass Israel seit Jahren alles ihnen zu Gebote stehende unternimmt, um zu einem irgendwie gearteten Frieden zu kommen. Dabei spielt es keine Rolle, welcher Partei jemand angehört, denn jede Familie ist irgendwie direkt von Krieg, Terror, Tod und Anschlagsopfern betroffen.

Nahezu jede Familie hat mindestens eine Person in der Armee und ängstigt sich um den geliebten Menschen. Kein Volk hat mehr Sehnsucht nach Frieden als Israel!

## Erziehung zu abgrundtiefem Hass

Der Partner, mit dem Frieden geschlossen werden soll, führt das Wort Friede zwar unentwegt auf den Lippen, bringt in seinem Verhalten allerdings genau das Gegenteil zum Ausdruck: HASS! Er praktiziert auf allen Ebenen Hass, erzieht seine Kinder zu Hass und gebiert unaufhörlich neuen Hass.

Das beginnt mit der Erziehung im Kindergartenalter durch Parolen, Lieder, Spiele. Die Schulbücher sind voll davon. Jedes Kind bekommt in der Schule Landkarten von Palästina zu sehen in den Grenzen von Israel, auf denen aber keine israelische Stadt vorkommt, geschweige denn der Name Israel. Kinder und Jugendliche kommen in militärische Ausbildungslager, wo sie nur eins lernen: die Juden zu hassen, zu töten, zu vernichten. Dort werden sie zu Selbstmördern und in ihrem Sprachgebrauch zu Märtyrern ausgebildet. Die PA und die Hamas benutzen sie schonungs- und erbarmungslos für ihre eigenen Zwecke. Ihre Menschenverachtung kennt keine Grenzen – und die Welt schweigt nicht nur, sondern unterstützt sie. Bei vielen Kirchen sieht es nicht besser aus. Und wir? –

## Es ist tragisch

Die Welt traf sich in Annapolis auf den Tag genau, 60 Jahre später, an dem die Völker einem Staat Israel zustimmten, um zusammenzukommen und zu beschließen, dass jetzt ein Palästinenserstaat auf Kosten Israels entstehen soll. In Annapolis wurde Israel von der Welt vor aller Augen auf den Opferaltar gelegt. Das wirklich Tragische daran ist, dass die Völker zwar Israel vernichten wollen, aber Israel in seiner Blindheit, selbst dabei ist, Selbstmord zu begehen. Herr Olmert führt mit seinen Zugeständnissen sein Volk in den absoluten Ruin.

## Warnungen

In der Woche vor der Annapolis-Konferenz, gab es in Israel 2 Erdbeben. Bei dem einen mit 4,1 auf der Richterskala, lag das Epizentrum am Toten Meer, bei dem zweiten lag es in der Sheffla-Ebene. Das ist außergewöhnlich, denn das ist kein Erdbebengebiet. Dort betrug die Stärke 4,2 auf der Richterskala.

Das sind Gottes Warnungen, Sein mächtiges Reden aus Liebe: „Wacht doch endlich auf, begreift doch, was ihr tut." Von Seismologen ist vorhergesagt, dass in absehbarer Zeit ein gewaltiges Erdbeben Israel heimsuchen wird. Und ich glaube, das waren bereits Vorläufer.

Bei ihrem ersten Treffen nach Annapolis, am 12. Dezember 2007, wo die zwei „Partner" zu Gesprächen über die Verwirklichung eines Palästinenserstaates zusammenkamen, hörten die Israelis nichts als Vorwürfe und Forderungen.

## Geberkonferenz in Paris

Die Teilnehmer einer Nachfolge-Geber-Konferenz[2] für die Palästinenser, die am 17. 12. 07 in Paris stattfand, sagten der Palästinensischen Autonomiebehörde (PA) 7,4 Milliarden Dollar zu. In Auszügen heißt es:

„… Abbas versicherte, er werde einen Teil der Mittel auch im Gazastreifen einsetzen, wo die Hamas seit Juni an der Macht ist. Wir werden unsere Arbeit dort fortsetzen, denn es ist unser Gazastreifen, und Leute unserer Nation leben dort", so der Fatah-Chef.

Die Hamas lehnte die Unterstützung als „Kriegserklärung" gegen sich und als Maßnahme im israelischen Sicherheitsinteresse ab.[3] Bundesaußenminister Frank-Walter Steinmeier äußerte sich erfreut darüber, dass die Zukunft eines unabhängigen Palästinenserstaates Thema der Konferenz war. Deutschland hat sich bereit erklärt, unter anderem in Schulen und in die Wasserversorgung zu investieren. Er sagte knapp 300 Millionen Dollar für die PA zu … Israel forderte er auf, „Verabredungen über einen Stopp von Siedlungen nicht zu brechen".

## Gegeninitiativen

In der Zwischenzeit sind Menschen in Israel gegen die Teilung Israels und Jerusalems und die Errichtung eines Palästinenserstaates auf israelischem Boden aufgestanden.

Zum großen Teil handelt es sich dabei um Siedler, die in den Medien in einem Atemzug zusammen mit den Terrororganisationen Hamas und Hisbollah genannt werden.

Für alle, die das nicht wissen: „Siedler" sind größtenteils Menschen, die von ganzem Herzen, ganzer Seele, ganzem Gemüt und mit ganzer Kraft an den Gott Israels und an das Wort Gottes glauben und sagen:

---

[2] Israelnetz berichtet am 18.12.2007
[3] So berichtete der Nachrichtensender „n-tv"

„Wir stehen auf diesem Wort, das Wort Gottes ist die Wahrheit und Er hat uns dieses Land zurückgegeben, Er hat uns in dieses Land zurückgebracht. Deswegen gehört uns dieses Land und kein anderer hat darauf Anspruch. Und wir sind da, um dieses Land zu verteidigen."

## Wir können von ihnen lernen

Wir versuchen, mit allen unseren Israelreisegruppen diese Menschen zu besuchen, um von ihnen direkt zu hören, was sie sagen, was sie denken, warum sie denken, wie sie denken und um sie in ihrem Charakter kennenzulernen. Jedesmal sind wir tief berührt von ihrem Glauben und spüren, dass wir viel von ihnen lernen können. Wann immer wir hingehen, um sie zu trösten, kommen wir als die Getrösteten zurück.

Der rechte Flügel, der aus religiösen Leuten, aus an den Gott Israels gläubigen Leuten, dem nationalistischen Lager, kurz, aus all jenen besteht, die das Land Israel lieben und glauben, dass es ihnen gehört, hat sich aufgemacht, um gegen die Zerstörung Israels anzugehen.

## Der Gott Israels ist der Herr des Landes Israel

Am gleichen Tag, an dem die Konferenz in Annapolis stattfand, hat sich der „Israelische Kongress" aus einer Koalition der verschiedenen Gruppen des „rechten Flügels" gegründet und sich eine Satzung gegeben, in der es heißt:

„Der Gott Israels ist der Herr des Landes Israel und Er hat uns dieses Land gegeben und wir wollen nach Seinen Geboten wandeln. Wir wollen ein Leben führen nach seinem Willen und wir wollen das Land Israel deshalb verteidigen, weil Er es uns gegeben hat und Er uns in diesem Kampf helfen wird."

Dann kommen alle möglichen Stimmen zur Sprache, die das noch ganz konkret umreißen. Der amtierende nationale Infrastrukturminister Ben Eliezer, Minister im Kabinett Olmert, sagte öffentlich: „Diese Entwurzelung 2005 war ein sehr, sehr großer Fehler, wir haben uns geirrt."

## Persönlich verbürgt

Dessen ungeachtet sagte Herr Olmert Herrn Abbas noch vor der Annapolis-Konferenz als Geschenk zu, dass alle Siedlungsbauaktivitäten sofort eingestellt und sofort eingefroren würden, d.h., wenn dort ein Kind geboren und dafür noch ein Zimmer gebraucht wird, darf das nicht gebaut werden. Es darf überhaupt nichts mehr gebaut werden. Er hat sich dafür bei den USA persönlich verbürgt.

## Nachhilfe

Hier noch ein kurzer Ausschnitt aus einem Brief des Sprechers von Hebron, Rabbiner David Wilder, an Condoleezza Rice:

„... Wir möchten Sie gerne daran erinnern, dass in der Bibel dieses Land vor 4000 Jahren dem jüdischen Volk versprochen wurde. Abraham, der jüdische Patriarch, kaufte Hebron vor mehr als 3800 Jahren. Die Juden verließen vor 3500 Jahren Ägypten, um in ihr Land, das Heilige Land, das Land Israel zu gehen. Hier gründeten sie vor 3300 Jahren einen Staat. Der Staat wurde vor 3000 Jahren das Königreich des jüdischen Königs David. Der Tempel stand im Zentrum des Landes in Jerusalem und wurde, nachdem die Babylonier ihn zerstört hatten, vor 2000 Jahren wieder aufgebaut. In all jenen Generationen war das Land das einzige Heimatland des jüdischen Volkes. Erst die Juden verliehen ihm Unabhängigkeit, erst durch sie bekam es seine

Identität. Bitte bedenken Sie, dass zu der Zeit, als Araber das Land erreichten, es bereits Tausende von Jahren den Juden gehörte. ..."

Weitere Kampagnen gegen die Teilung Jerusalems wurden gestartet.

## Israelinitiative

Es gibt eine „Israelinitiative" von einem weiteren Abgeordneten der Knesset, Benny Alon. Sein Vorschlag lautet:
Alle Palästinenser in Judäa und Samaria erhalten die jordanische Staatsbürgerschaft, da ja schon ein arabischer Staat für die Palästinenser 1922 gegründet worden ist. Sie dürfen aber in Judäa und Samaria wohnen bleiben. Und alle Juden in Judäa und Samaria bleiben als Israelis dort ebenfalls wohnen. Sämtliche Flüchtlingslager werden aufgelöst, weil es keinen Grund gibt, dass diese noch bestehen. Sie werden bisher künstlich aufrecht erhalten, damit man der Welt immer die armen Palästinenser zeigen kann. Jordanien und Israel werden in Zusammenarbeit die regionale Verwaltung über die Palästinenser in Judäa und Samaria ausüben. – Dieser Vorschlag gewinnt immer mehr an Popularität. Am 22. November 2007, also eine Woche vor Annapolis, wird ein Gesetz in die Knesset eingebracht, in dem der Antrag gestellt wird, dass jede Veränderung im Status von Jerusalem nur vorgenommen werden darf, wenn mindestens 80 von 120 Abgeordneten dafür stimmen. Es wird im Eilverfahren durchgebracht.

Am 26. November, ein Tag vor Annapolis, beten 25 000 Israelis an der Klagemauer, gehen dann weiter in die Stadt und halten anschließend eine politische Demonstration. Aber kurz davor erhielten die Palästinenser noch 25 Panzer aus Rußland und Herr Olmert stimmte dieser „Gabe" zu.

## Israel auf der Schlachtbank

Nach Annapolis sagte Herr Olmert: „Die Realität des Staates Israel seit 1967, wird sich drastisch verändern." Im Klartext heißt das, dass er bereit ist, alle Gebiete, die Israel durch die Gnade Gottes im sogenannten Blitzkrieg oder Sechs-Tage-Krieg hinzugewonnen hat, nämlich Judäa, Samaria, Gaza, Golan, aber vor allen Dingen den Ostteil von Jerusalem, an die Palästinenser abzutreten. Es bedeutet, er hat es der PA schon zugesagt, ohne ein Mandat dafür zu haben.

Eine weitere Aussage von ihm, die man in allen israelischen Zeitungen lesen konnte, ist mindestens genauso furchterregend: „Wir brauchen zwei Staaten, Israel und Palästina. Und wenn wir die nicht bekommen, ist es aus mit Israel." Er selbst befördert Israel auf die Schlachtbank.

Israel ist in einem Zustand, wo ihm nicht mehr zu helfen, wo es – rein menschlich gesehen – nicht mehr zu retten ist. Die amtierende israelische Regierung ist so blind und so korrupt, dass man es kaum mehr in Worten ausdrücken kann. Diese Wahrheit ist ungemein schmerzlich.

Israel ist in einer absolut ausweglosen Situation. Der Unterschied zu allen anderen ausweglosen Situationen, seit es Israel gibt, ist, dass Israel im Moment selber dabei ist, sich zu vernichten. Bis jetzt waren es immer Kräfte, Mächte, Menschen, Völker von außen, aber dieses Mal geschieht es simultan auch von innen.

## Im Geist der Makkabäer

Wie schon erwähnt, hat eine kleine Gruppe angefangen, dagegen aufzustehen und das erinnert sehr an die Situation der Makkabäer, die gegen den griechischen und gotteslästerlichen Geist in dem Syrer Antiochus Epiphanes aufstanden, der 168 v. Ch. den Tempel des lebendigen Gottes Israels, schändete.

Es war eine handvoll derer, die an ihrem Gott Israels festgehalten hatten und wie sie, formiert sich jetzt wieder ein Überrest in demselben Geist. Ich glaube, Gott wird auch ihnen einen Sieg schenken. Es kann so nicht weitergehen, denn die Spirale nach oben wird immer enger. Irgend etwas muss jetzt bald passieren.

## Hochverrat

Zu dem Überrest des rechten Flügels gehören auch die „Grünen Frauen" oder mit neuem Namen die „Frauen für Israels Morgen".
Die Initiatorinnen sind Nadja Matar und ihre Schwiegermutter Ruth Matar. Ruth verschickte kurz vor Annapolis einen Brief, in dem sie auf einen Artikel im israelischen Gesetz aufmerksam macht, der von Hochverrat handelt. Im Artikel 97b heißt die Überschrift:

„‚Der Souveränität des Landes oder seiner Gesamtheit Schaden zufügen'.

a. Jeder, der mit Absicht der Souveränität des Landes schadet. Ein Akt, der der Souveränität des Landes schaden könnte, soll mit dem Tod oder lebenslänglich bestraft werden.

b. Jeder, der absichtlich zuläßt, dass irgend ein Teil des Landes von der Souveränität des Landes abgetrennt oder der Souveränität eines anderen Landes hinzugefügt wird oder ein Akt, der dazu führt, soll mit dem Tod oder lebenslänglich bestraft werden."

Was Ministerpräsident Olmert mit dem Land und der Bevölkerung Israels treibt, ist die Beschreibung der oben, aus dem israelischen Gesetz, zitierten Artikel. Selbst mit gutem Willen kann man zu keinem anderen Schluß kommen. Olmert hat für das, was er tut, kein Mandat und macht sich damit des Hochverrats an seinem Land schuldig.

## Olmert lügt, was den Tempelberg betrifft

Kurz nach Annapolis stand in einer Zeitungsmeldung: „Das nächste, worüber nun bald verhandelt wird, ist der Tempelberg", was Olmert dementieren ließ.

Daraufhin veröffentlichte ein PA Sprecher, der an den Vorverhandlungen für Annapolis beteiligt war, ein Papier mit der Überschrift: „Olmert lügt über den Tempelberg". Darin heißt es:

> „Was Olmert sagt, ist absolut falsch. Ich glaube, er ist noch nicht bereit, es der israelischen Öffentlichkeit zu sagen und wartet auf den richtigen Zeitpunkt. Er fürchtet aber, dass seine Koalition auseinander brechen wird, wenn er es jetzt verkündet. In den vorhergehenden Monaten von Annapolis, war das PA Team von Olmerts Bereitschaft, den Berg abzugeben, überrascht. Beide Seiten stimmten zu, der Tempelberg würde unter eine gemeinsame Kontrolle von Ägypten, Jordanien und der PA gestellt werden."

Einen Tag nach Annapolis zeigte das PA Fernsehen eine Landkarte vom Nahen Osten, auf der es kein Israel mehr gab. Also nicht bei der Hamas, sondern bei der Fatah, bei Herrn Abbas.

## Befreiung vom Joch der Knechtschaft

Israel braucht, wie zu alten Zeiten, eine Befreiung vom Joch der Knechtschaft, und wir Christen sind dazu aufgerufen, ihm dabei zu helfen. In der folgenden Bibelstelle ist die Situation, in der sich Israel gegenwärtig befindet, beschrieben und von Sacharja auf den Punkt gebracht. Es ist so wunderbar, dass wir darin auch von unserem Gott erfahren, wie es weiter geht, wie Seine Lösung aussieht, auf die wir harren und die wir herbeibeten dürfen. Auch in dieser

Schriftstelle kommt zum Ausdruck, dass das sogenannte Alte Testament hoch aktuell ist. Sacharja 12, 1 u. ff:

*„Der Herr, der den Himmel ausgespannt und die Erde fest verankert hat, der den Menschen Leben und Geist gibt, sagt über Israel: ..."*

*„Die Völker ringsum, die gegen Jerusalem ziehen, werden sich dabei übernehmen. Ich mache Jerusalem für sie zu einer Schale voll Wein; sie werden daraus trinken und zu taumeln beginnen."*

„Die Völker ringsum" welche sind die Völker ringsum? Das sind: Libanon, Syrien, Irak, Jordanien, Saudi Arabien, Ägypten, von denen ist hier ganz klar die Rede.

Und dieser Wein ist ein Hassgetränk, von dem sie besoffen sind.

*„Auch Juda wird in Bedrängnis geraten."*

Und genau darum geht es gerade: um Juda und Samaria.

*„Ich mache Jerusalem für die Völker zu einem schweren Stein: sie werden ihn aufzuheben versuchen und sich dabei verheben."*

Das heißt, es wird ihnen nicht gelingen. Sie werden Jerusalem nicht wirklich bewegen können.

*„Alle Völker der Erde werden sich gegen Jerusalem zusammentun;"*

Wir hatten sie mit dieser Absicht in Annapolis sitzen –

*„aber ich lasse ihre Rosse scheuen und lasse panische Angst über ihre Reiter kommen. Ja, ich werde die Rosse aller Völker blind machen, so daß sie den Weg nicht mehr finden."*

Das heißt, Jerusalem wird wirklich angegriffen werden. Alle Völker machen sich bereit.

*„Ich wache darüber, daß den Leuten von Juda kein Leid geschieht. Ihre führenden Männer ..."*

und das sind u. a. die, von denen ich berichtet habe: David Wilder, Eljakim Haetzni und auch die führenden Frauen,

*„... werden nach Jerusalem blicken und sagen: Die Leute von Jerusalem sind unser Trost! Sie vertrauen fest auf ihren Gott, den Herrn der ganzen Welt."*

Weil dort der Thron Gottes steht, und „das Wort ausgeht", deshalb schauen sie nach Jerusalem.

*„Ich werde den Leuten von Juda beistehen, so daß sie die feindlichen Heere ringsum so blitzschnell vernichten, wie Feuer sich im trockenen Holz oder in einem Garbenhaufen ausbreitet."*

Diese Aussage muss man nicht näher kommentieren, aber bei dieser Vorstellung steht alles in uns dagegen auf, was noch an griechischem Denken in uns ist.

Juda und Samaria sollen Palästinenserstaat werden, aber die jüdischen Bewohner darin erheben sich dagegen, wie einstmals die Makkabäer, und Gott selbst sagt *„ich will ihnen dabei helfen"*.

## Jerusalem bleibt für immer bestehen!

*„Jerusalem aber wird für immer bestehen bleiben. Der Herr wird die Leute von Juda vor denen von Jerusalem über die Feinde siegen lassen; denn die Nachkommen Davids und die*

> Bewohner Jerusalems sollen keinen Anlaß haben, auf Juda herabzusehen."

Was leicht möglich wäre: „Wir, die ‚Frommen' aus Jerusalem". Jerusalem wird ganz klar wissen, dass es ohne die Leute in Judäa und Samaria nicht überleben kann.

Danach, wenn das geschehen sein wird, folgt die wunderbare, ergreifende und unermeßlich schmerzliche Geschichte:

> „Danach, werden sie den erkennen, in den sie gestochen haben."

## Es hat begonnen

Auf diesen Augenblick fiebert alles zu. Der Prozeß ist in vollem Gange und rückt uns zunehmend näher. Was in Annapolis geschah, war der Anfang, der Anfang dieser Geschichte. Es hat begonnen. Israel liegt wirklich auf dem Opferaltar und die Welt tanzt mit ihren Ritualen darum herum, wie einst die Baalspriester auf dem Berg Karmel.

Wir lesen in Hebräer 12, dass Gott am Ende noch einmal alles erschüttern wird, was erschütterbar ist und alles, was nicht aus Ihm geboren ist, wird keinen Bestand haben. Das spüren wir persönlich, das spüren wir in unseren Gemeinden, aber Israel spürt es, seit es Staat geworden ist. Es geht von Krieg zu Krieg zu Krieg und ein Krieg ist erschütternder und an Menschenleben kostspieliger als der andere. Es werden immer mehr Opfer – und es wird so weitergehen bis zur Wiederkunft des HERRN. Auch die zwei Erdbeben zeugen davon. Sowohl im Natürlichen wie im Geistlichen finden Erschütterungen statt.

## Israel wird 60

Israel feiert im Mai 2008 seinen 60. Geburtstag.

60 Jahre Israel – und Israel ist am Ende. Wir haben deshalb im

Vorfeld recherchiert, was die Zahlen 6 und 60 in der Bibel bedeuten. In Gottes Wort spielen Zahlen eine große Rolle, die Er ihnen selbst beigemessen hat.

## Die Zahl 6 in der Ordnung Gottes

Mit der Zahl 6 kommt in der Bibel immer etwas zum Abschluß.

In 6 Tagen schuf Gott die Welt. Sie war damit fertig, abgeschlossen. Am 7. Tag ruhte Gott selbst, das war Sein Tag. Alle Aufmerksamkeit ist jetzt auf Ihn gerichtet.

Dieser Tag ist ganz anders, als alle vorhergehenden. Er ist dem HERRN heilig, von Ihm ab – und ausgesondert – für Ihn! Gott faßt es in Worte und gebietet den Menschen:

*„6 Tage sollst du arbeiten und am 7. Tag sollst du dich von allem Alltäglichen ab- und dich Mir zuwenden, Mir, deinem Gott, um mit Mir Gemeinschaft zu haben, um von Mir neu aufgefüllt und erfüllt zu werden, denn du brauchst Mich. Ohne Mich könnt ihr nichts tun!"*

Der 7. Tag ist der Tag des HERRN.

Er gebot Seinem Volk, dass es 6 Jahre lang sein Land bebauen und es im 7. Jahr brachliegen lassen sollte, denn es war ein „Shabbatjahr" und sollte ruhen. In diesem Shabbatjahr schöpfte es Kraft für das Neue, im nächsten Jahr.

## Israel – geboren aus dem Willen Gottes

Gott hat sich Sein Volk in 3 Generationen geschaffen. Israel ist kein Volk wie jedes andere, das sich natürlich vermehrt hat und weiter gewachsen ist. Gott erwählte sich in Abraham einen einzigen Mann zu dem Er sagte: „Du bist mein Mann"! Als das Wort Gottes ihn traf, hatte er die göttliche Offenbarung, dass der Gott Israels, wie Er sich dann nennen ließ, der Gott aller Götter und der HERR aller Heerscharen und der König aller Könige ist. Mit dem „Wort Gottes", das Jesus ist, wurde sein Geist lebendig und er erhielt neues Leben von Gott durch den Willen Gottes, durch das Wort Gottes und durch den Geist Gottes.

Und Gott machte auch dadurch deutlich, dass dies Seine Berufung war, indem Er sich diesen Mann mit einer Frau erwählte, die auf natürlichem Wege nicht mehr schwanger werden konnte. Allein durch den Willen Gottes und weil Gott das Wort spricht und Sein Geist kommt, wird Sara schwanger. Die Unfruchtbare wird schwanger und Isaak wird geboren, aus dem Willen Gottes, aus dem Wort Gottes, aus dem Geist Gottes.

Isaak heiratet Rebekka und – Rebekka ist unfruchtbar, Rebekka kann keine Kinder bekommen. Erst auf das Gebet des Isaak hin, erhört ihn Gott und Rebekka wird schwanger, durch den Willen Gottes, durch das Wort Gottes, durch den Geist Gottes. Und jetzt wird Jakob geboren, die dritte Generation.

Als Jakob geboren wird, ist Isaak 60 Jahre alt. Als Isaak 60 Jahre alt war, gab es die drei Generationen der Erzväter, aus denen dann das Volk Israel hervorging. Danach ging es nicht mehr um eine Familie, die Familie der Erzväter Abraham, Isaak und Jakob, dem Gott den Namen Israel gab, sondern jetzt kam etwas Neues – das Volk Israel. Israel hatte 12 Söhne, die Stammväter, aus denen sich seither das Volk Israel entwickelt hat. Durch die lange Zeit der Zerstreuung und alle Not hindurch hat ihr Gott sie erhalten und sie zu Seiner festgesetzten Zeit wieder in Sein und ihr Land zurückgeführt. Daraus können wir schließen, dass etwas für Israel zum Abschluß kommt, wenn es 60 Jahre alt wird! – und dann beginnt etwas Neues!

## Sechs entscheidende Monate für Israel

Am 27. November 1947 wurde in der UNO beschlossen, Israel soll ein Staat werden. Am 14. Mai 1948 wurde der Staat ausgerufen. Am

27. November 2007 fand die Konferenz in Annapolis statt, auf der beschlossen wurde, dass Israel zerschnitten, und in der letzten Konsequenz, vernichtet wird. Am 8. Mai, im Jahr 2008 wird Israel 60 Jahre alt. Von November bis Mai sind es 6 Monate.

In diesen 6 Monaten musste sich Israel darauf vorbereiten, ein Staat zu werden, indem alle Juden im Land, die diesen Staat haben wollten, aktiv wurden, um sicherzustellen, dass dieser Staat leben könnte. Das war eine äußerst bedeutungsvolle Zeit. Trotz aller Kriegserklärungen, gab es nach diesen 6 Monaten einen „wiedererstandenen Staat Israel".

## Ohne Israels Wiederherstellung kann Jesus nicht wiederkommen

Israel liegt auf dem Opferaltar Satans. Ohne Israel kann der Messias nicht zurückkommen! Ohne ein jüdisches vereintes Jerusalem, kann der Messias nicht zurückkommen. Ohne, dass Israel und Jerusalem wiederhergestellt sind, muss der Himmel Jesus behalten (Apg. 3, 21). Deshalb müßte es unser aller Anliegen sein, selbst derer, denen Israel noch nicht so viel bedeutet, dass Israel vom Opferaltar des Satans gerettet und wiederhergestellt wird, – damit der Messias kommen kann! – Für uns alle!

## Wie der Friede kommt

In diesem geistlichen Kampf geht es um die Wahrheit des Wortes Gottes. Stimmt das Wort Gottes oder nicht?

Ohne die Wiederherstellung Israels gibt es kein Tausendjähriges Reich, keine wiederhergestellte Braut, keine Hochzeit des Lammes, weil der Messias nicht wirklich wiederkommen kann.

Natürlich ist Jesus unsere Erlösung, aber Er muss auf die Erde zurückkommen, um hier zu herrschen, um Sein Friedensreich, das wirkliche Friedensreich, aufzurichten, dieses Reich, in dem es keine Tränen mehr gibt.

Der irdische Ort dafür ist JERUSALEM. Das ist aber nur dann möglich, wenn drei Dinge zusammen kommen: das Volk Israel im Land Israel, vollkommen vereint mit seinem Gott und Messias Israels. Das ist eine heilige Dreieinigkeit. Wenn diese drei beieinander sind, herrscht Frieden auf Erden. Gott hat Isaak als Opfer gefordert, dann aber selbst für das Opfertier gesorgt. Was der Satan gerade versucht, ist eine billige Kopie, aber eine schreckliche. Er will den Sohn des Bundes, Israel, wirklich opfern, damit er dessen Platz einnehmen kann.

Aber Gott wird das nicht zulassen. Auch **jetzt** hat Er die göttliche Lösung! Seine Erlösung durch Seinen Sohn JESCHUA HAMASCHIACH!

### Wunderbare Anzeichen im Land

60 Jahre Israel gehen zu Ende, das 7. Jahrzehnt fängt an. 7 steht für Ausrichtung auf Gott. Das ist die Zeit, dass Israel aufschaut zu seinem Gott und mit 8 kommt der Neuanfang. Wir dürfen dazu beitragen, dass es geschieht. Und es sind aufregende Anzeichen im Land.

Die Jugend in Israel läßt sich in dieser Zeit in wunderbarer Weise für ihren Messias Jeshua entzünden. Das Feuer läuft wie ein Brand durch die Straßen Jerusalems und durch das ganze Land. Und diese jungen Männer und Frauen stürmen hinaus auf die Straßen und sprechen die Leute an. Sie gehen auf die Leute zu und fragen: „Bist du krank, hast du Schmerzen, darf ich für dich beten? Mein Messias und deiner, er kann heilen". Und sie beten und die Leute werden gesund.

Es hat angefangen! Bei der 40Jahrfeier für die Wiedervereinigung Jerusalems, im Mai 2007, sprach Gott deutlich, dass Er mit der jungen Generation Geschichte machen und mit ihrer Hilfe Israel retten wird. Wir dürfen davon Zeugen sein und uns sogar einklinken. Aber wir müssen vorbereitet sein, gewillt, alles zu geben und dem Feind die Stirn zu bieten. Wir müssen begreifen, der Kampf gegen Israel ist der Kampf gegen GOTT! Die Ablehnung Israels ist die Ablehnung des Gottes Israels! Das Ziel ist, mit der Vernichtung Israels den Gott Israels ein für allemal aus dem Weg zu schaffen!

Aber Gott hat in Seiner großen Gnade bereits angefangen die Dinge umzukehren – mit der Jugend von Israel. JESUS IST UND BLEIBT SIEGER IN EWIGKEIT, DENN SIEHE, DER HERR KOMMT GEWALTIG!

### Siehe, der HERR kommt gewaltig

Das bestätigt der Prophet Jesaja. Niemand hat mehr über die Endzeit gezeigt bekommen, als Jesaja. In Kap. 11, ab 1, ff heißt es:

*„Und es wird ein Reis hervorgehen aus dem Stamm Isais und ein Zweig aus seiner Wurzel Frucht bringen. Auf ihm wird ruhen der Geist des HERRN, der Geist der Weisheit und des Verstandes, der Geist des Rates und der Stärke, der Geist der Erkenntnis und der Furcht des HERRN. Und Wohlgefallen wird er haben an der Furcht des HERRN. Er wird nicht richten nach dem, was seine Augen sehen, noch Urteil sprechen nach dem, was seine Ohren hören, sondern wird mit Gerechtigkeit richten die Armen und rechtes Urteil sprechen den Elenden im Lande, und er wird mit dem Stabe seines Mundes den Gewalttätigen schlagen und mit dem Odem seiner Lippen den Gottlosen töten. Gerechtigkeit wird der Gurt seiner Lenden sein und die Treue der Gurt seiner Hüften. Da werden die Wölfe bei den Lämmern wohnen und die Panther bei den Böcken lagern. Ein kleiner Knabe wird Kälber und junge Löwen und Mastvieh miteinander treiben. Kühe und Bären werden zusammen weiden, daß ihre Jungen beieinander liegen, und Löwen werden Stroh fressen wie die Rinder. Und ein Säugling wird spielen am Loch der Otter, und ein entwöhntes Kind wird seine Hand stecken in die Höhle der Natter. Man wird nirgends Sünde tun noch freveln auf meinem ganzen*

*heiligen Berge; denn das Land wird voll Erkenntnis des HERRN sein, wie Wasser das Meer bedeckt. Und es wird geschehen zu der Zeit, daß das Reis aus der Wurzel Isais dasteht als Zeichen für die Völker. Nach ihm werden die Heiden fragen, und die Stätte, da er wohnt, wird herrlich sein. Und der HERR wird zu der Zeit zum zweiten Mal seine Hand ausstrecken, daß er den Rest seines Volks loskaufe, der übriggeblieben ist in Assur, Ägypten, Patros, Kusch, Elam, Schinar, Hamat und auf den Inseln des Meeres. Und er wird ein Zeichen aufrichten unter den Völkern und zusammenbringen die Verjagten Israels und die Zerstreuten Judas sammeln von den vier Enden der Erde. Und der Neid Ephraims wird aufhören und die Feindschaft Judas ausgerottet werden, daß Ephraim nicht mehr neidisch ist auf Juda und Juda nicht mehr Ephraim feind ist."*

### Sie werden zu Seiner Braut gehören

Das Reich war zum Schluß geteilt. 722 v. Ch. wurde Israel in die Gefangenschaft nach Assur geführt und etwas mehr als 100 Jahre später musste Juda nach Babylon. Es hat seither keine Versöhnung gegeben zwischen den beiden.

Aber hier sagt Gott, Er bringt alle zurück und alles Trennende wird aufgehoben sein, alle 12 Stämme werden wieder ein Volk sein.

*„Sie werden sich stürzen auf das Land der Philister im Westen".*

Und weil „Philister", wie weiter vorn schon erklärt, auf lateinisch und griechisch „Palästinenser" heißt, und nachdem wir im Heute leben, lesen wir Palästinenser:

*„Sie werden sich stürzen auf das Land der Palästinenser im Westen und miteinander berauben alle, die im Osten wohnen...*

*Nach Edom und Moab werden sie ihre Hände ausstrecken, die Ammoniter werden ihnen gehorsam sein."*

Und alle diese drei zusammen sind das heutige Jordanien.

*„Und der HERR wird austrocknen die Zunge des Meeres von Ägypten und wird seine Hand gehen lassen über den Euphrat mit seinem starken Wind und ihn in sieben Bäche zerschlagen, so daß man mit Schuhen hindurchgehen kann. Und es wird eine Straße da sein für den Rest seines Volks, das übriggeblieben ist in Assur, wie sie für Israel da war zur Zeit, als sie aus Ägyptenland zogen."*

Keiner wird draußen bleiben, sie werden alle kommen, der Überrest wird gesammelt werden. Aus dem Text, den wir oben gelesen haben, wissen wir, dass noch schmerzvolle Zeiten dazwischen liegen. Aber sie werden gerettet, sie werden den **Messias** erkennen und sie werden sich zu Ihm bekehren und Ihn anbeten.

Und dann werden sie ein Licht sein für die Nationen und Israel, zusammen mit den Geretteten aus den Nationen, werden die Braut des Messias sein – Amen.

Um Zions willen schweige ich nicht!

*Don Finto war über 25 Jahre Pastor der Belmont Church in Nashville. Er ist immer noch ein Pastor für Pastoren und ist aktiv involviert in die auferweckte Gemeinschaft messianischer Juden in den USA und Israel. Don und seine Frau Martha Ann haben drei Kinder und sieben Enkelkinder und leben in Tennessee.*

Zu viele nichtjüdische Gläubige halten das Christentum für einen Ersatz des Judentums - und Israel für etwas, das nicht zu Gottes Plan gehört.

Don Fintos „Dein Volk ist mein Volk" offenbart Gottes Absichten für Sein Bundvolk in unserer Zeit, und wie diese Offenbarung die Kirche beeinflusst.

Anders als Rut im Alten Testament haben viele von uns den Verwandten des Messias den Rücken gekehrt, und wir haben Anteil an der kollektiven Schuld Jahrhunderte langer Verfolgung. Finto erinnert uns daran, dass ein Bekenntnis der Schuld nur ein Anfang ist. Mehr als jemals zuvor müssen wir das erwählte Volk Gottes umarmen und fürbittend zu ihm stehen, indem wir unsere Gebete in Einklang mit Gottes Plan bringen.

Jetzt, in einem kritischen Augenblick der Weltgeschichte, da Israel und sein Volk wieder im Rampenlicht stehen, sind unsere Gebete von zentraler Wichtigkeit. Werden wir den gleichen Bund mit Israel schließen, den Rut mit Naomi schloss? Wenn ja, dann wird unsere Kirche sich grundlegend verändern!

**VERLAG GOTTFRIED BERNARD**
ISBN 3-934771-34-3 · BEST.-NR. 175734